Escrever bem com gramática

Laiz Barbosa de Carvalho

4

Escrever bem com gramática - 4º ano
© Laiz Barbosa de Carvalho, 2016

Direitos desta edição: Saraiva Educação Ltda., São Paulo, 2016
Todos os direitos reservados

```
Dados Internacionais de Catalogação na Publicação (CIP)
          (Câmara Brasileira do Livro, SP, Brasil)

    Carvalho, Laiz Barbosa de
      Escrever bem com gramática, 4º ano / Laiz
    Barbosa de Carvalho. -- 6. ed. -- São
    Paulo : Saraiva, 2016.




       1. Português - Gramática (Ensino fundamental)
    I. Título.



    16-07869                                    CDD-372.61
```

Índices para catálogo sistemático:

1. Gramática : Português : Ensino fundamental
    372.61

ISBN 978-85-472-1333-6 (aluno)
ISBN 978-85-472-1334-3 (professor)

Editoras responsáveis	Alice Silvestre, Camila de Pieri Fernandes
Editoras	Marina Sandron Lupinetti, Miriam Mayumi Nakamura, Tatiane Godoy, Thaís Albieri, Vanessa Batista Pinto
Gerente de produção editorial	Ricardo de Gan Braga
Gerente de revisão	Hélia de Jesus Gonsaga
Revisores	Kátia Scaff Marques (coord.), Rosângela Muricy (coord.), Heloísa Schiavo, Larissa Vazquez, Luciana Azevedo, Patricia Cordeiro
Controle de fluxo e produção editorial	Paula Godo, Roseli Said
Supervisor de iconografia	Sílvio Kligin
Coordenador de iconografia	Cristina Akisino
Pesquisa iconográfica	Daniela Maria Ribeiro
Licenciamento de textos	Paula Claro
Design	Bonifácio Estúdio
Capa	Erika Tiemi Yamauchi Asato, com ilustração de Adilson Farias
Edição de arte	Tomiko C. Suguita
Diagramação	Bonifácio Estúdio, JS Design, Luiza Massucato, Nicola Loi
Assistente de arte	Jacqueline Ortolan
Ilustrações	Adolar, Alan Carvalho, Alexandre Benites, Carlos Bourdiel, Felipe Camêlo, Cibele Queiroz, Dawidson França, Edson Farias, Estúdio Lab 307, Giz de Cera, Glair Arruda, Ilustra Cartoon, Jefferson Galdino, Laerte Silvino, Luiz Fernando Rubio, Luis Matuto, Mário Yoshida, Michel Leandro Borges dos Santos, Milton Rodrigues, Nid Arts, Nilton Bueno, Paulo Borges, Petra Elster, Reinaldo Rosa, Quanta Estúdio, Vagner Coelho, Vanessa Alexandre, ZAPT Editorial, Vicente Mendonca, Zubartez
Tratamento de imagens	Cesar Wolf, Fernanda Crevin
Código da obra	CL 800772
CAE	610061 (AL)
CAE	610062 (PR)
Impressão e acabamento	Log&Print Gráfica, Dados Variáveis e Logística S.A. OP: 247389

O material de publicidade e propaganda reproduzido nesta obra está sendo utilizado apenas para fins didáticos, não representando qualquer tipo de recomendação de produtos ou empresas por parte do(s) autor(es) e da editora.

Editora Saraiva

SAC 0800-0117875
De 2ª a 6ª, das 8h às 18h
www.editorasaraiva.com.br/contato

Avenida das Nações Unidas, 7221 – 1º andar – Setor C – Pinheiros – CEP 05425-902

CARTA AO ALUNO

Caro aluno,

Este livro é dedicado a você e foi feito para ajudá-lo em seu dia a dia, colaborando para que conheça e domine cada vez mais a Língua Portuguesa.

Nele você vai conhecer informações novas, ler textos interessantes e atuais que circulam em meios impressos ou no mundo digital e realizar diversas atividades que vão motivá-lo a refletir sobre nossa língua.

Com este livro, você vai perceber também que é possível aprender de forma divertida, decifrando charadas, desvendando enigmas ou desenvolvendo brincadeiras e jogos que possibilitam aplicar os novos conhecimentos.

Essas propostas foram elaboradas para que você leia, escreva e se comunique cada vez melhor.

Laiz Barbosa de Carvalho

ORGANIZAÇÃO DO LIVRO

ABERTURA

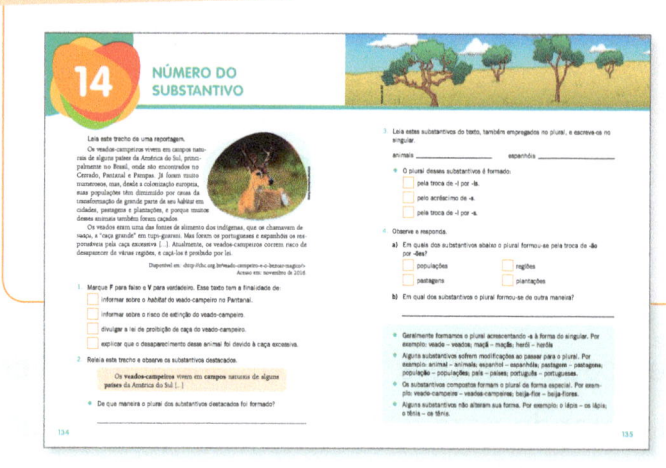

Textos para leitura e atividades de compreensão.

ATIVIDADES

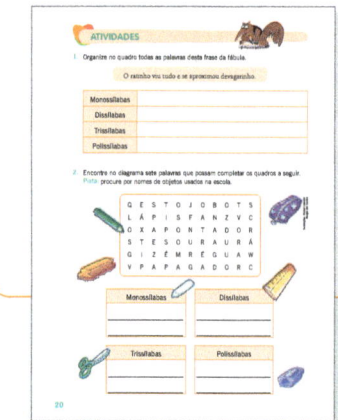

Atividades sobre o assunto estudado no capítulo.

PARA ESCREVER MELHOR

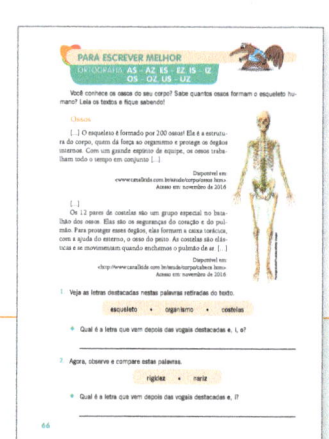

Seção para você exercitar a ortografia e a escrita correta das palavras.

CONCLUA!

Boxe para você verificar e registrar o que aprendeu.

REVISÃO

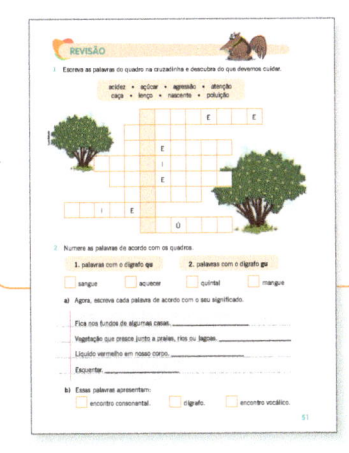

Momento de você rever o que já aprendeu.

DIVERTIDAMENTE

Atividades divertidas para fixar o que você sabe.

EURECA!

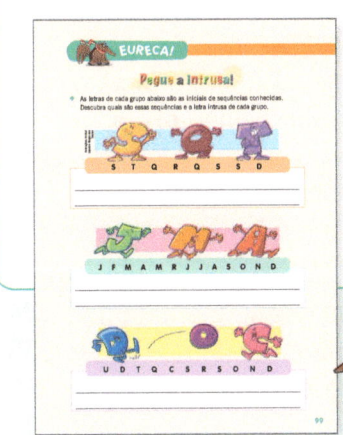

Desafios para você resolver e se divertir!

DE OLHO NA LÍNGUA

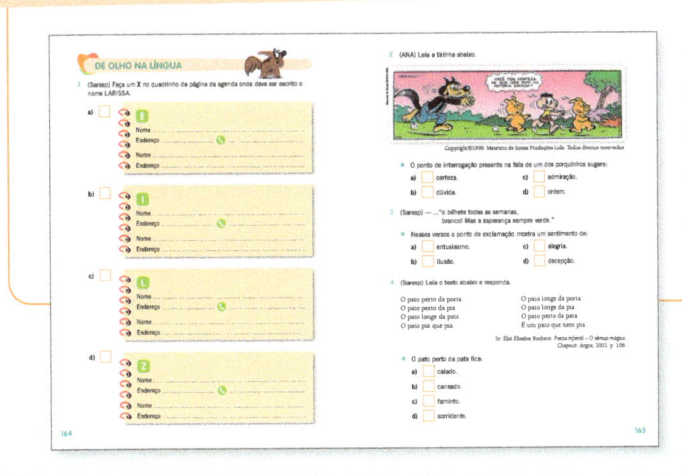

Atividades de múltipla escolha dos principais sistemas de avaliação de rendimento escolar.

SUMÁRIO

1. **Alfabeto e ordem alfabética** 8
   Texto: Painel fotográfico 8
   Atividades............................... 10
   Para escrever melhor: Letras iniciais maiúsculas..................... 14
   Divertidamente 17

2. **Sílabas e divisão de palavras** 18
   Texto: Fábula 18
   Atividades............................... 20
   Para escrever melhor: **mp**, **mb** e **m final**............................. 22
   Eureca! 25

3. **Encontros vocálicos** 26
   Texto: Poema 26
   Atividades............................... 28
   Para escrever melhor: **ei – e**, **e – i**................................. 30
   Divertidamente 33

4. **Encontros consonantais** 34
   Texto: *Busdoor*......................... 34
   Atividades............................... 35
   Para escrever melhor: **s – ss** 39
   Eureca! 43

5. **Dígrafos** 44
   Texto: Texto instrucional 44
   Atividades............................... 45
   Para escrever melhor: **c – ç – sc** e **ce – ci** 47
   Eureca! 50
   Revisão 51

6. **Sinais gráficos** 54
   Texto: Capa de livro..................... 54
   Atividades............................... 56
   Para escrever melhor: **s e z** 58
   Divertidamente 61

7. **Acentuação gráfica I** 62
   Texto: Lenda 62
   Atividades............................... 65
   Para escrever melhor: **as – az**, **es – ez**, **is – iz**, **os – oz**, **us – uz** 66
   Eureca! 69

8. **Acentuação gráfica II** 70
   Texto: Poema 70
   Atividades............................... 71
   Para escrever melhor: **x** e **ch** 74
   Eureca! 79
   Revisão 80

9. **A frase** 84
   Texto: Poema 84
   Atividades............................... 86
   Para escrever melhor: **gua**, **qua**, **quo** 89
   Eureca! 91

10. **Divisão de frases** 92
    Texto: Memória literária................ 92
    Atividades............................... 93
    Para escrever melhor: **gue – que**, **gui – qui** 95
    Eureca! 99

11. **Sinais de pontuação** 100
    Texto: Narrativa ficcional 100
    Atividades............................... 103
    Para escrever melhor: **l – lh** 106
    Eureca! 109

12. **Substantivos** 110
    Texto: História em quadrinhos 110
    Atividades............................... 114
    Para escrever melhor: **sinônimos** e **antônimos** 116
    Divertidamente 120
    Revisão 121

13. Gênero do substantivo 122
Texto: Narrativa ficcional 122
Atividades 126
Para escrever melhor: **l – u** 130
Divertidamente 133

14. Número do substantivo 134
Texto: Reportagem 134
Atividades 136
Para escrever melhor:
**an – am, en – em,
in – im, on – om, un – um, ns** ... 140
Eureca! 143

15. Grau do substantivo 144
Texto: Narrativa ficcional 144
Atividades 146
Para escrever melhor:
-inho – -zinho 149
Divertidamente 152
Revisão 153

16. Adjetivo 156
Texto: Poema 156
Atividades 157
Para escrever melhor:
concordância nominal 160
Eureca! 163
De olho na língua 164

17. Grau do adjetivo 166
Texto: Tirinha 166
Atividades 168
Para escrever melhor: **ar, er, ir,
or, ur** 171
Divertidamente 174

18. Artigo 176
Texto: Tirinha 176
Atividades 177
Para escrever melhor: **r, rr** 180
Divertidamente 183
Revisão 184

19. Pronomes pessoais 186
Texto: Reportagem 186
Atividades 188
Para escrever melhor: **uso de
pronomes oblíquos** 190
Eureca! 195

20. Numeral 196
Texto: Texto de *blog* 196
Atividades 199
Para escrever melhor: **ge – je,
gi – ji** 202
Divertidamente 205

21. Verbo e tempos verbais 206
Texto: Notícia 206
Atividades 208
Para escrever melhor: **-am, -ram, -ão
presente, pretérito, futuro** 211
Divertidamente 216

22. Advérbio 218
Texto: Tirinha 218
Atividades 220
Para escrever melhor: **há – a,
há – faz** 222
Divertidamente 226

23. Concordância verbal 228
Texto: Tirinha 228
Atividades 229
Para escrever melhor: **ser** e
estar 231
Eureca! 235
Revisão 236
De olho na língua 239

Jogos 241

1 ALFABETO E ORDEM ALFABÉTICA

Observe o título do painel e as fotografias com atenção.

Brincadeiras da região Norte: lendas e tombos divertem no Amazonas

Amarelinha • Balança caixão • Bola de gude • Cabra-cega
Carrinho de rolimã • Cinco marias • Corre cutia • Escravos de Jó • Mímica
Pega-pega • Pião • Pipa • Queimada • Roda
Sete pecados • Vai e vem

Fotos: Fernando Favoretto/Criar Imagem

Fonte: <http://novaescola.org.br/creche-pre-escola/brincadeiras-regiao-norte-lendas-tombos-divertem-amazonas-693515.shtml>. Acesso em: novembro de 2016.

1. Esse painel tem a finalidade de:

    ☐ ensinar como são algumas brincadeiras da região Norte do Brasil.

    ☐ apresentar algumas brincadeiras da região Norte do Brasil.

2. No painel, as brincadeiras estão organizadas em ordem alfabética. Que letras do alfabeto não estão presentes?

_____

8

3. O alfabeto divide-se em vogais e consoantes.

   a) Escreva as vogais. _____

   b) Complete os quadrinhos com as consoantes.

			G	J	K			Q			V	X	Z

   c) Leia esta frase em voz alta. Depois, marque as afirmações corretas.

   > Na região Norte, **há** muitas lendas, **histórias** e brincadeiras que são **desconhecidas** em outras regiões.

   ☐ Em todas as palavras destacadas, a letra **h** é pronunciada, representando um único som.

   ☐ Nas palavras **há** e **histórias**, a letra **h** não é pronunciada, pois não representa nenhum som.

   ☐ Na palavra **desconhecidas**, a letra **h** aparece combinada com a consoante **n** para representar um único som.

4. Leia o trecho de uma notícia.

   Ainda moleque, o skatista Tony Hawk veio pela primeira vez ao Brasil para participar do histórico campeonato *Sea Clube Overall Skate Show*.

   Disponível em: <http://gooutside.com.br/1024-a-lenda-do-half-pipe>. Acesso em: novembro de 2016.

   a) Circule no texto as palavras em que aparecem as letras **k**, **w** e **y**.

   b) As palavras *skate* e *skatista* já têm formas em português. Escreva-as aqui.

   _____

   As letras representam os sons da fala e classificam-se em vogais e consoantes.
   ◆ A letra **h** não é uma consoante, pois não representa nenhum som. No início de palavra ou em exclamações, é uma letra muda. Quando combinada com uma consoante, as duas letras representam um único som.
   ◆ **K**, **w** e **y** são usadas em palavras de origem estrangeira e nomes próprios.

ATIVIDADES

1. Observe esta página de dicionário.

Saraiva Júnior – Dicionário da Língua Portuguesa Ilustrado. São Paulo: Saraiva, 2014.

a) Que esporte de origem estrangeira tem seu nome em português?

_____

b) Circule a palavra que vem depois de **beliche**.

c) Que palavra vem primeiro: **beliscão** ou **beliscar**? Por quê?

_____

2. Releia o nome da brincadeira abaixo e escreva a primeira letra de cada palavra que o compõe. Depois, organize as palavras em ordem alfabética.

Escravos de Jó

Palavra	1ª letra	Palavras em ordem alfabética
Escravos		
de		
Jó		

a) Leia estes nomes e considere a segunda letra das palavras destacadas. Complete o quadro.

Boca de forno • **Barra**-manteiga • **Briga** de galo

Palavra	2ª letra	Nomes em ordem alfabética
Boca		
Barra		
Briga		

b) Agora, leia estes nomes de brincadeiras e brinquedos de outras regiões do país e complete o quadro.

Cata-vento • **Cama** de gato

Palavra	3ª letra	Nomes em ordem alfabética
Cata		
Cama		

> **CONCLUA!**
>
> Quando a primeira letra das palavras é igual, devemos observar a _____ letra de cada uma delas para colocá-las em ordem alfabética. Quando a segunda letra é igual, devemos observar a _____, e assim por diante.

3. Entenda algumas abreviações que aparecem no dicionário.

substantivo feminino ── primeiro significado da palavra

verbete ── **brincadeira** (brin.ca.dei.ra) *sf* **1.** Ato de brincar ou jogar (*A brincadeira das crianças durou a manhã toda*); **2.** não falar sério (*Não era para acreditar na história que eu contei: era brincadeira*).

Saraiva Júnior – Dicionário da Língua Portuguesa Ilustrado.
São Paulo: Saraiva, 2014.

segundo significado da palavra

◆ Dê o significado das abreviações nos verbetes a seguir.

ave (a.ve) *sf epiceno* **1.** Animal vertebrado, ou seja, que tem ossos, com o corpo revestido de penas, que possui bico e não tem dentes (*O beija-flor é a menor ave que existe, e o avestruz, a maior.*); *interj* **2.** salve! (*Os romanos recebiam o imperador dizendo: Ave César!*). *Dim* **avezinha**.

sf → _____
interj → _____
dim → _____

colorido (co.lo.ri.do) *adj* **1.** Feito em cores (*As crianças fizeram desenhos coloridos para dar de presente aos pais.*); *sm* **2.** combinação de cores (*O colorido das fantasias chamava a atenção para o grupo.*); **3.** aquilo que faz destacar (*A bela voz da cantora deu um colorido ao espetáculo.*).

adj → _____
sm → _____

Saraiva Júnior – Dicionário da Língua Portuguesa Ilustrado.
São Paulo: Saraiva, 2014.

4. Escreva os nomes a seguir em ordem alfabética.

> Vítor • Beatriz • Marcelo • Luísa • Daniel • Henrique

_____

a) Pinte a letra inicial de cada nome que você escreveu.

b) Para escrever esses nomes em ordem alfabética, você observou:

☐ a 1ª letra.   ☐ a 2ª letra.   ☐ a 3ª letra.

5. Leia estes nomes de pássaros e pinte as letras iniciais que se repetem em todos eles.

> sanhaço • saíra • saracura • sabiá

a) Agora, escreva os nomes em ordem alfabética.

_____

b) Para escrever esses nomes em ordem alfabética, você precisou observar:

☐ a 1ª letra.   ☐ a 2ª letra.   ☐ a 3ª letra.

6. Escreva os nomes na agenda de telefones. Siga a ordem alfabética.

> Felipe • Walter • Fábio • Alexandre • Vanessa • Yara • Tobias • Hélio • Keila

PARA ESCREVER MELHOR
LETRAS INICIAIS MAIÚSCULAS

Leia esta sinopse de uma peça teatral.

www.prefeitura.sp.gov.br/cidade/secretarias/cultura/bibliotecas/noticias/?p=15416

O trenzinho Villa-Lobos

Com Cia Articularte

Inspirado nas artes marotas e musicais do menino Tuhu, apelido de infância de Heitor Villa-Lobos, o espetáculo de bonecos fala da sensibilidade musical que existe em todos nós. A peça encena as aventuras e peraltices de Tuhu, seu contato com o mundo da música e a descoberta de sua verdadeira vocação. 45 min.

Para maiores de 4 anos.

Dia 24 de julho às 14h –
Ponto de Leitura Butantã

Butantã – São Paulo, SP

Disponível em: <http://www.prefeitura.sp.gov.br/cidade/secretarias/cultura/bibliotecas/noticias/?p=15416>. Acesso em: novembro de 2016.

1. Releia a sinopse e observe o uso das letras iniciais maiúsculas.

   a) Circule no texto as letras iniciais maiúsculas.

   b) Marque a coluna 2 de acordo com a coluna 1.

   I. **I**nspirado nas artes marotas e musicais do menino Tuhu...

   II. ... apelido de infância de **H**eitor **V**illa-**L**obos...

   III. ... todos nós. **A** peça encena as aventuras...

   IV. **S**ão **P**aulo

   ☐ Usamos inicial maiúsculas em nomes de pessoas.

   ☐ Usamos inicial maiúscula em nomes de lugares.

   ☐ Usamos inicial maiúscula depois de ponto.

   ☐ Usamos inicial maiúscula no início de parágrafo.

2. Leia estes títulos de livros e de revistas.

Livros

Cadê o docinho que estava aqui?
Pena quebrada, o indiozinho
O peixinho e o sonho
Ritinha bonitinha
Historinhas da vovó

Revistas

Recreio
Revista da Mônica
Gênios
O Menino Maluquinho
Ciência Hoje das Crianças

◆ Pinte a letra inicial de cada título. Essa letra é:

☐ minúscula. ☐ maiúscula.

CONCLUA!

Nos títulos de livros e de revistas, empregamos:

☐ letra inicial minúscula. ☐ letra inicial maiúscula.

3. Leia o texto e complete os espaços com as palavras do quadro, empregando iniciais maiúsculas.

zanzizomba • sozinho • juca malazarte

_____ – filho do famoso herói de histórias populares, Pedro Malazarte – vai descobrir por que os jovens do país _____, que tinham chance de realizar seus sonhos nos seus aniversários, jamais o faziam. _____ e sem dinheiro, ele resolve viajar para a capital Belo Risote, e ficar de frente ao rei que vivia rindo.

Resenha do livro *O rei que ria*, de Marco Túlio Costa. Disponível em: Catálogo Literatura Infantojuvenil, Saraiva, 2016.

◆ Nesse texto, você empregou a letra inicial maiúscula:

☐ no nome de pessoas. ☐ no nome de lugares.
☐ depois de ponto. ☐ no início de parágrafo.

4. Leia os grupos de palavras dos quadros da esquerda e ligue cada um deles a um quadro da direita.

sábado, domingo, segunda-feira	nomes de povos
brasileiros, japoneses, austríacos	nomes dos dias da semana
janeiro, fevereiro, março, abril	nomes dos meses

◆ Os nomes dos quadros da esquerda estão escritos com:

☐ letra inicial maiúscula.   ☐ letra inicial minúscula.

CONCLUA!

Nos nomes de dias da semana, de meses e de povos, usamos letra inicial _____.

5. Use letras iniciais maiúsculas ou minúsculas para escrever corretamente.

◆ Seu nome completo: _____

◆ Nome da escola onde estuda: _____
_____

◆ Nome da cidade e do estado onde você mora: _____
_____

CONCLUA!

Nomes de pessoas, de cidades, de estados e de países são escritos com:

☐ inicial minúscula.   ☐ inicial maiúscula.

DIVERTIDAMENTE

TRAVA-LÍNGUAS!

◆ Que tal treinar alguns trava-línguas para falar com os colegas sem se atrapalhar? Observe a consoante ou o som que se repete em cada um dos trava-línguas abaixo e prepare-se!

Ao final, crie seu trava-língua.

O rato roeu a roupa do rei de Roma.

No meio do trigo tinha três tigres.

Bote a bota no bote e tire o pote do bote.

Luzia lustrava o lustre listrado. O lustre lustrado luzia.

O que é que Cacá quer? Cacá quer caqui. Qual caqui que Cacá quer? Cacá quer qualquer caqui.

Cozinheiro cochichou que havia cozido chuchu chocho num tacho sujo.

Três pratos de trigo para três tigres tristes!

Trava-línguas da tradição popular.

Ilustrações: Michel Leandro Borges dos Santos

_____

2 SÍLABAS E DIVISÃO DE PALAVRAS

Leia este texto.

O leão e o ratinho

Um leão estava descansando quando um ratinho passou ao lado. O leão prendeu-o em suas patas, mas o animalzinho pediu que o soltasse. "Quem sabe um dia poderei ajudá-lo", disse o ratinho. O leão achou graça, ficou com pena e o soltou. Algum tempo depois, o leão ficou preso em uma rede de caçadores. O ratinho viu tudo e se aproximou devagarinho. Roeu as cordas que prendiam o rei dos animais e o livrou da armadilha.

Moral da história: Amigos pequenos podem ser grandes amigos.

Esopo. *Fábulas de Esopo*. Domínio público.

1. O texto que você leu é uma:

   ☐ notícia.   ☐ lenda.   ☐ fábula.   ☐ piada.

2. Observe a separação das palavras no texto:

po-	derei
em uma linha	em outra linha

le-	ão
em uma linha	em outra linha

rati-	nho
em uma linha	em outra linha

ani-	mais
em uma linha	em outra linha

   ◆ Em sua opinião, por que foi feita a separação das sílabas dessas palavras?

   _____

   _____

3. Releia esta frase do texto e observe a palavra destacada.

> Roeu as cordas que prendiam o rei dos animais e o livrou da **ar-madilha**.
> Roeu as cordas que prendiam o rei dos animais e o livrou da **arma-dilha**.
> Roeu as cordas que prendiam o rei dos animais e o livrou da **armadi-lha**.

◆ Nos diferentes modos de separar as sílabas da palavra destacada:

☐ um deles está errado.   ☐ todos estão certos.

☐ somente um deles está certo.

4. Separe as sílabas das palavras a seguir. Indique o número de sílabas e escreva a classificação de cada palavra.

monossílaba = uma sílaba • dissílaba = duas sílabas
trissílaba = três sílabas • polissílaba = mais de três sílabas

Palavra	Separação de sílabas	Número	Classificação
um			
cordas			
amigos			
animalzinho			
caçadores			

É importante conhecer as várias maneiras de separar uma palavra. É por isso que aprendemos a separar sílabas e a contá-las.

ATIVIDADES

1. Organize no quadro todas as palavras desta frase da fábula.

> O ratinho viu tudo e se aproximou devagarinho.

Monossílabas	
Dissílabas	
Trissílabas	
Polissílabas	

2. Encontre no diagrama sete palavras que possam completar os quadros a seguir.
   Pista: procure por nomes de objetos usados na escola.

```
Q E S T O J O B O T S
L Á P I S F A N Z V C
O X A P O N T A D O R
S T E S O U R A U R Á
G I Z É M R É G U A W
V P A P A G A D O R C
```

Monossílabas	Dissílabas
_____	_____
_____	_____

Trissílabas	Polissílabas
_____	_____
_____	_____

Ilustrações: Michel Leandro Borges dos Santos

3. Leia as placas e observe as palavras destacadas. Depois, complete o quadro.

| Escola de dança e música: aulas de **ritmo** para **crianças** | | Supermercado **Corcovado**: azeite em promoção | |

Palavras	Separação de sílabas	Número de sílabas	Classificação

4. Leve o ratinho até o leão, pintando o caminho que tem apenas palavras trissílabas.

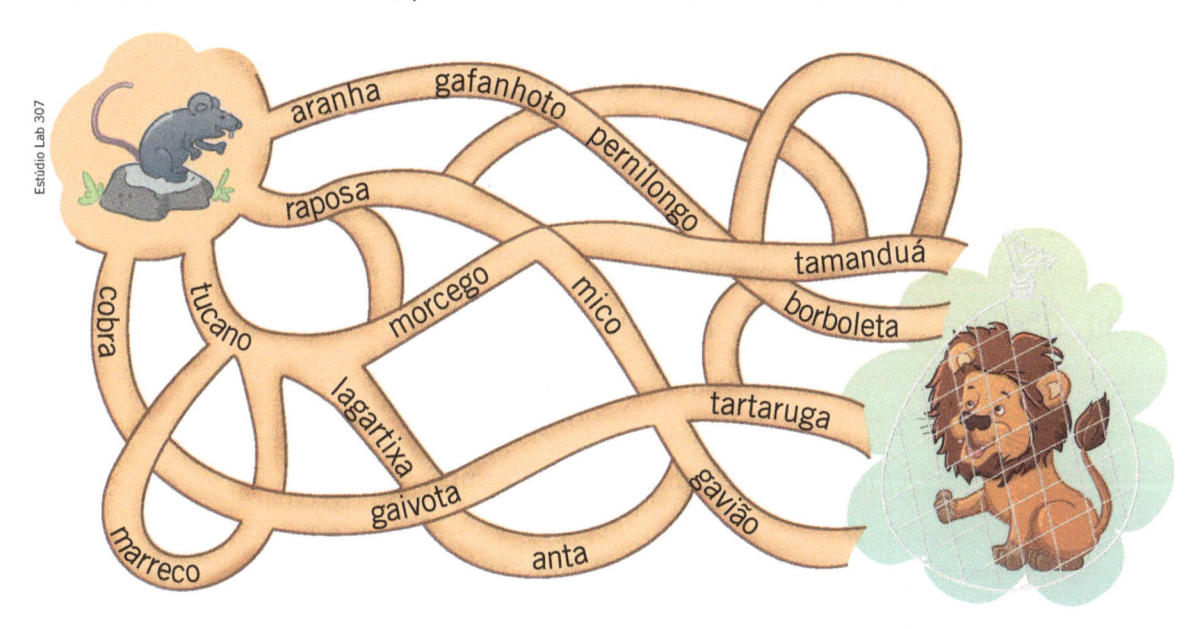

aranha, gafanhoto, pernilongo, raposa, tamanduá, cobra, tucano, morcego, mico, borboleta, lagartixa, tartaruga, gaivota, gavião, marreco, anta

5. Leia a tirinha.

Turma do Xaxado.

a) Que palavra teve as sílabas separadas? _____

b) Separe-a de outra forma. _____

PARA ESCREVER MELHOR
ORTOGRAFIA: MP, MB E M FINAL

Leia esta adivinha e tente desvendá-la.

> Num ponto começo,
> num ponto acabo,
> embora completa,
> fico sempre em metade.
>
> Adivinha popular.

1. Escreva a resposta da adivinha.

2. Agora, releia estas palavras da adivinha e observe as letras destacadas.

num • ponto • embora • sempre

a) Que letra aparece antes das letras **b** e **p**?

_____

b) Que letra aparece antes da letra **t**?

_____

c) Que letra é empregada no fim da palavra **num**?

_____

d) Escreva mais uma palavra da adivinha que tem a letra **m** antes de **p** ou de **b**.

_____

3. Leia as palavras da faixa com atenção. Depois, pinte com um lápis colorido aquelas com **m** antes das letras **p** e **b**.

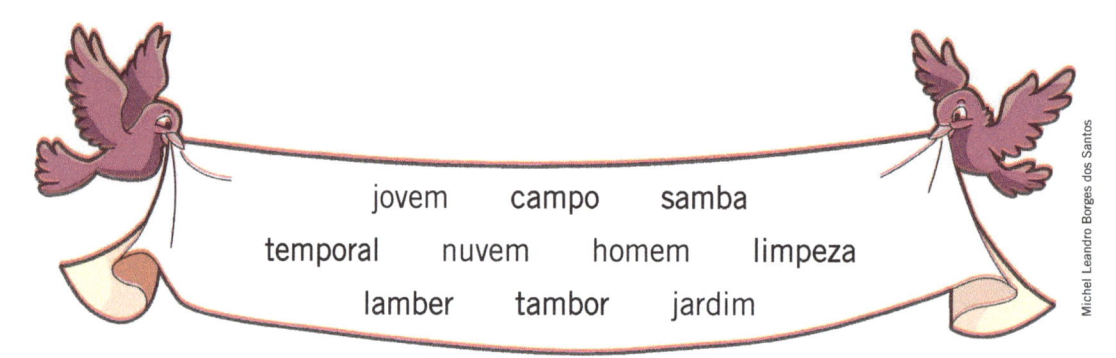

jovem   campo   samba
temporal   nuvem   homem   limpeza
lamber   tambor   jardim

a) Escreva as palavras que não foram pintadas na faixa.

_____

b) Nessas palavras, a letra **m** foi usada:

☐ antes de **b**. ☐ antes de **p**. ☐ no final das palavras.

4. Leia estes nomes de frutas e doces. Pinte as letras **mp**, **mb** e **m final** de cores diferentes.

Frutas
araticum   pitomba
cambuci   umbu

Doces
compota   quindim
pudim   rocambole

5. Leia a cruzadinha e complete as frases com as palavras correspondentes.

		6.					
1.	E	M	B	R	U	L	H	A	R
2. T	E	M	P	O
3.	L	I	M	P	O
4.	E	M	B	A	I	X	O
			O
5.	A	M	E	N	D	O	I	M

Dicas de cozinha

◆ Quando fizer _____ em casa, coloque-os

para secar, depois de enrolá-los em local _____.

◆ Ponha um papel _____ para não grudar.

◆ Enfeite com pedacinhos de amêndoa ou _____ torrado.

◆ Você também pode _____ em papel colorido.

◆ _____ de preparo: quinze minutos.

23

6. Ligue as colunas e complete os nomes das receitas. Veja o exemplo.

__lombo__ com mandioca cozida — lombo

_____ frito

_____ de chocolate branco

bomba

lombo

lambari

◆ Nesses nomes, você usou a letra **m** antes de _____.

peixe _____

_____ de palmito

empanado

empadinha

◆ Nesses nomes, você usou a letra **m** antes de _____.

_____ frito

torta de _____

_____ de coco

amendoim

pudim

aipim

◆ Nesses nomes, você usou a letra **m** no _____ das palavras.

7. Complete os avisos, utilizando as palavras abaixo.

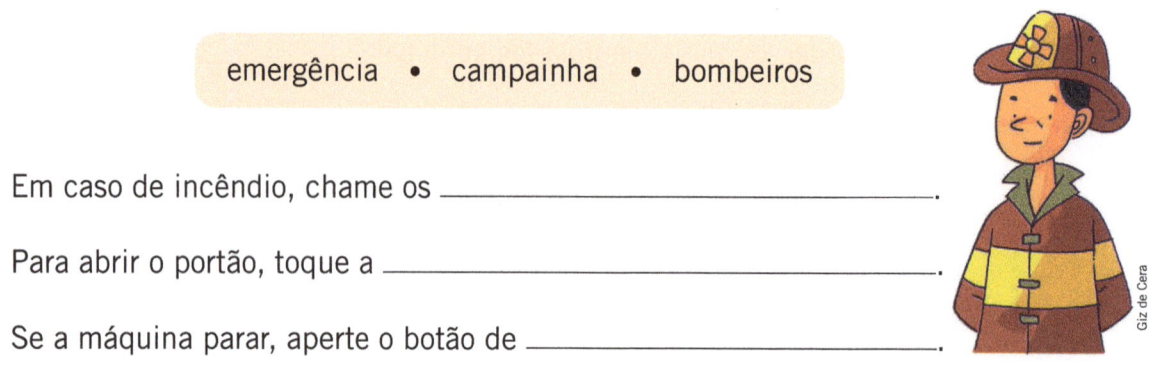

emergência • campainha • bombeiros

Em caso de incêndio, chame os _____.

Para abrir o portão, toque a _____.

Se a máquina parar, aperte o botão de _____.

◆ Pinte com cores diferentes as palavras com **m** antes de **p** e **b** que você escreveu.

24

EURECA!

◆ Desvende os enigmas e complete a cruzadinha.

1. Em caso de acidente, é preciso manter a ***. (5 letras)
2. Ela é normalmente coberta de queijo. (5 letras)
3. Com ele, fazemos paçoquinhas. (8 letras)
4. Ingrediente do queijo. (5 letras)
5. Se você comer, sua boca vai arder. (7 letras)
6. Tempero comum na comida. (3 letras)
7. Pode ser preparada com folhas e tomate e faz bem para a saúde. (6 letras)
8. Costuma acompanhar o arroz. (6 letras)
9. Milho depois de estourar. (6 letras)
10. Nome da letra L. (3 letras)
11. Serve para carregar água. (5 letras)

1. C A L M A
2. _ _ Z Z _
3. _ _ _ _ _ _ _ _
4. _ _ _ _ _
5. _ _ _ _ _ _ _
6. _ _ _
7. _ _ _ _ _ _
8. _ _ _ _ _ _
9. _ _ _ P _ _
10. _ _ _
11. B _ _ _ _

◆ Leia o que apareceu na coluna central.

3 ENCONTROS VOCÁLICOS

Você já deve ter ouvido falar nos dinossauros. Leia este poema sobre eles.

Dinossauro

Alguns milhares
de anos atrás
havia na Terra
grandes animais.

Eram eles gliptodontes,
megatérios e estegossauros.
Todos, todos pertenciam
à família dos dinossauros.

Eram animais temíveis
por sua força e tamanho,
mas desapareceram um dia
como se fossem de sonho.
[...]

Carlos Pimentel. *Jardim Zoilógico*. São Paulo: Formato, 2013.

1. O assunto desse poema é:

   ☐ a Terra.   ☐ os dinossauros.

   ☐ um sonho com dinossauros.   ☐ o tamanho dos dinossauros.

2. Releia estas palavras retiradas do poema e observe as letras destacadas.

   dinoss**au**ro → a + u

   tem**í**v**ei**s → e + i

◆ As letras destacadas formam:

☐ um dígrafo.   ☐ um encontro vocálico.   ☐ um encontro de duas consoantes.

3. Leia agora esta pergunta.

| **Quais são as espécies mais ameaçadas de extinção?** |

Revista *Mundo estranho*. Disponível em: <http://mundoestranho.abril.com.br/materia/quais-sao-as-especies-mais-ameacadas-de-extincao>. Acesso em: novembro de 2016.

a) Circule as palavras que apresentam encontro de sons vocálicos. Em seguida, separe as sílabas dessas palavras.

_____

b) Complete.

Nas palavras **são**, **espécies**, **mais** e _____, temos dois sons vocálicos na mesma sílaba. Na palavra **quais**, temos três sons vocálicos na _____ sílaba.

c) Qual palavra tem encontro vocálico em sílabas separadas?

_____

> A reunião de dois ou mais sons vocálicos em uma mesma palavra recebe o nome de **encontro vocálico**.
> ◆ O encontro de dois sons vocálicos que ficam em uma mesma sílaba recebe o nome de **ditongo**. Por exemplo: a-ni-mais.
> ◆ O encontro de dois sons vocálicos que ficam em sílabas diferentes recebe o nome de **hiato**. Por exemplo: a-me-a-ça-das.
> ◆ O encontro de três sons vocálicos na mesma sílaba recebe o nome de **tritongo**. Por exemplo: quais.

ATIVIDADES

1. Releia estes versos do poema *Dinossauro*.

   Eram eles gliptodontes,
   megatérios e estegossauros.
   Todos, todos pertenciam
   à família dos dinossauros.

   a) Circule as palavras com encontros vocálicos.

   b) Agora, escreva essas palavras nos espaços corretos, separando as sílabas.

Ditongos	_____
Hiatos	_____
Tritongos	_____

   c) Qual dos espaços ficou vazio? Por quê?

   _____

   _____

   d) Complete o espaço vazio com um exemplo de palavra.

2. Separe as sílabas das palavras destacadas nos versos, escrevendo-as nos quadros corretos.

   Eram **animais temíveis**
   por **sua** força e tamanho,
   mas desapareceram um **dia**
   como se fossem de sonho.

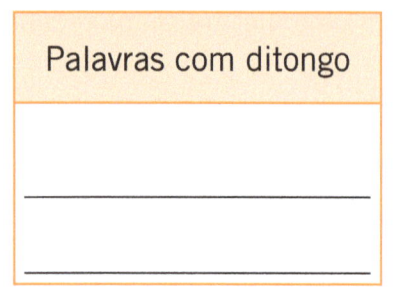

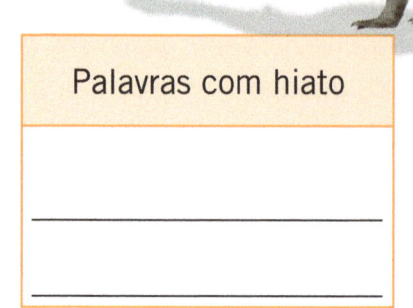

Palavras com ditongo	Palavras com hiato
_____	_____
_____	_____

CONCLUA!

Na divisão de sílabas, as vogais dos ditongos ficam:

☐ na mesma sílaba. ☐ em sílabas diferentes.

Na divisão de sílabas, as vogais dos hiatos ficam:

☐ na mesma sílaba. ☐ em sílabas diferentes.

3. Leia alguns nomes de pássaros brasileiros. Depois, escreva-os nos quadros corretos.

batuíra

sabiá

colhereiro

gaivota

gavião

saíra

Palavras com ditongo	Palavras com hiato

29

PARA ESCREVER MELHOR
ORTOGRAFIA: EI – E, E – I

Leia estes versos.

> Pelos canteiros
> flores e cheiros
> de bem-me-quer.
>
> [...]
>
> Que aroma tem o amor
> que se leva no peito
> entre canteiros
> flores e cheiros?

Helena Carolina. *Dúvidas, segredos e descobertas*. São Paulo: Saraiva, 2013.

1. Leia em voz alta estas palavras. Observe e compare as letras destacadas.

   cant**ei**ro • ch**ei**ro • p**ei**to

   band**e**ja • mol**e**jo • tr**ê**s

   a) Nos dois grupos de palavras, as letras destacadas:

   ☐ têm mesma grafia e mesma pronúncia.

   ☐ têm grafia igual e pronúncia semelhante.

   ☐ têm grafia e pronúncia diferentes.

   b) Em quais delas temos ditongo e em quais não?

   _____

   _____

2. Observe as letras destacadas nas palavras do quadro.

   cópi**a** • flor**es**

   ◆ Marque com um **X** as palavras que estão escritas corretamente.

   ☐ campeão   ☐ campião   ☐ lampeão   ☐ lampião

   ☐ crâneo   ☐ crânio   ☐ páteo   ☐ pátio

3. Escreva o nome da profissão de acordo com o que a pessoa faz.

Cuida de jardins. _____

Costura roupas. _____

Corta cabelo. _____

Faz pão. _____

Trabalha no açougue. _____

Cozinha. _____

Vende jornal. _____

◆ Nesses nomes de profissões, apareceu algum ditongo? Qual?

_____

4. Complete as palavras com **e** ou **ei**.

Coluna 1	Coluna 2
cad____ado	banh____ro
chav____	s____s
cer____al	torn____ra
espontân____o	pen____ra

a) Na coluna 1, você completou as palavras com:

☐ a letra **e**. ☐ o ditongo **ei**.

b) Na coluna 2, você completou as palavras com:

☐ a letra **e**. ☐ o ditongo **ei**.

5. Complete as palavras dos quadros.

e ou i?
fut____bol
comp____tir
tên____s
camp____onato
pát____o

e ou ei?
band____ra
vôl____
tr____no
cart____ra
d____z

6. Complete o texto com as palavras do quadro.

brasileiro • campeonato • recorde • treinou

César Cielo (1987) é um nadador _____ cujo mérito maior foi ter sido campeão olímpico na modalidade 50 metros livres nos Jogos Olímpicos de Pequim, em 2008.

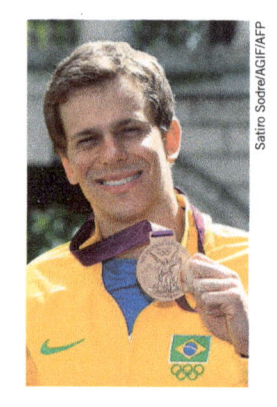

[...]

Começou a nadar no Clube de Campo de Piracicaba, cidade do estado de São Paulo. Posteriormente, no Esporte Clube Pinheiros, nadou e _____ com o nadador Gustavo Borges.

Seu primeiro torneio internacional foi no _____ Mundial de Natação em Piscina Curta de 2004, em Indianápolis.

Em 2006, foi morar nos EUA, onde quebrou o _____ americano dos 100 metros livres conquistado pelo nadador Fernando Scherer, que se tornaria seu empresário. Em 2007, ficou em 4º lugar nos 100 metros, quando participou do mundial daquele ano, e em 6º lugar nos 50 metros. Participou dos Jogos Pan-Americanos no Rio de Janeiro, ganhando 3 medalhas de ouro e 1 de prata.

Disponível em: <https://www.ebiografia.com/cesar_cielo/>. Acesso em: novembro de 2016. Adaptado.

DIVERTIDAMENTE

Siga a trilha!

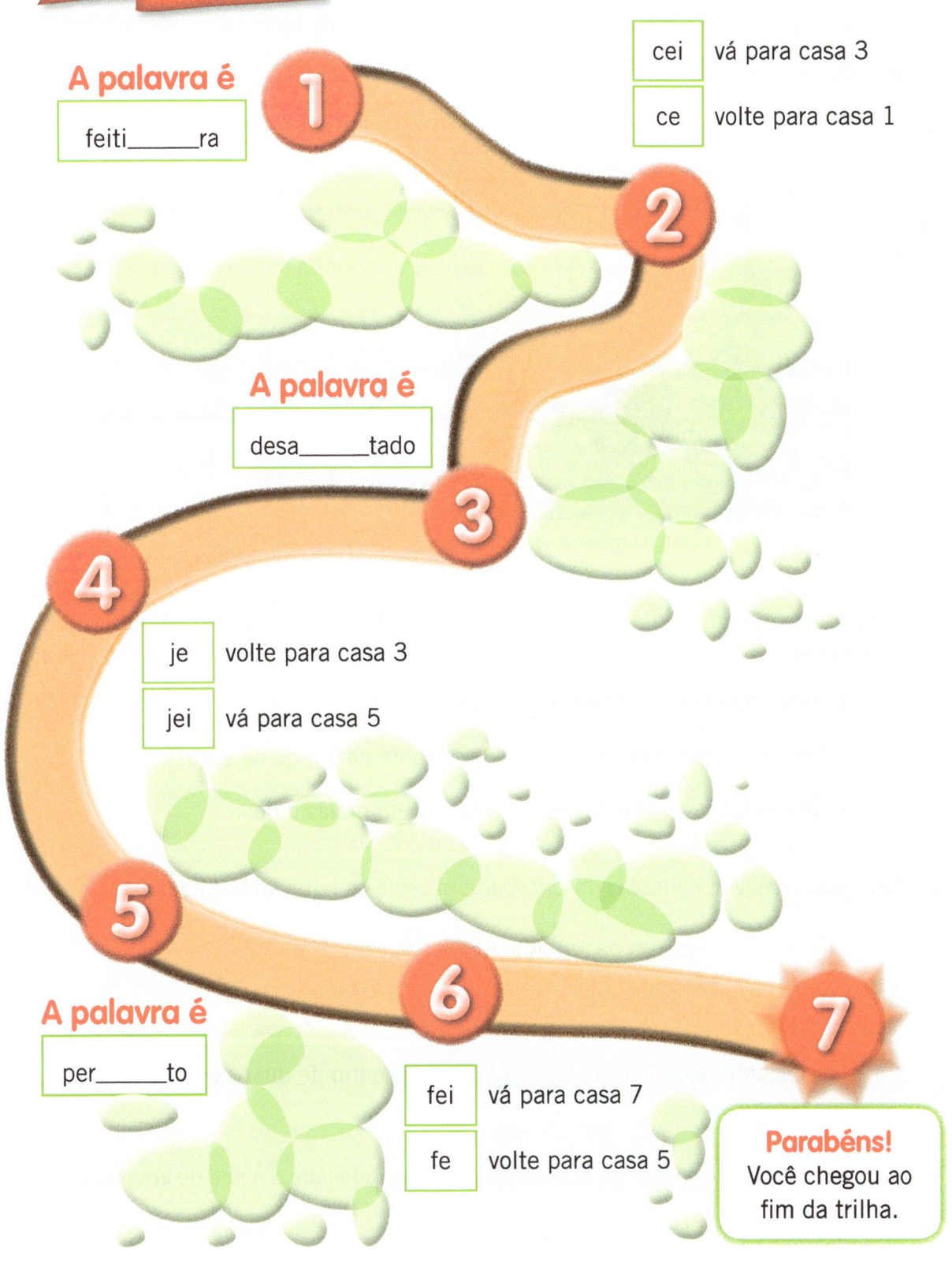

A palavra é
feiti_____ra

1

cei | vá para casa 3
ce | volte para casa 1

2

A palavra é
desa_____tado

3

4

je | volte para casa 3
jei | vá para casa 5

5

6

A palavra é
per_____to

fei | vá para casa 7
fe | volte para casa 5

7

Parabéns!
Você chegou ao fim da trilha.

4 ENCONTROS CONSONANTAIS

Observe a imagem.

Praias e rios mais limpos.
Implantação da Rede de Esgoto.
Dá trabalho realizar este desejo.

Cesan. Disponível em: <http://www.cesan.com.br/wp-content/uploads/2014/07/busdoor_2.jpg>. Acesso em: novembro de 2016.

1. Essa imagem é um *busdoor*, adesivo colado no vidro traseiro de um ônibus. O objetivo dela é:

    ☐ ensinar como limpar praias e rios sujos.

    ☐ informar sobre o trabalho de implantação de uma rede de esgoto.

    ☐ informar sobre a necessidade da limpeza em praias e rios.

2. Leia estas palavras retiradas do *busdoor* e observe as letras destacadas.

    praias • im**pl**antação • **tr**abalho

    ◆ Nessas palavras, temos:

    ☐ encontro vocálico.   ☐ encontro de duas consoantes.

> O encontro de consoantes em uma única palavra recebe o nome de **encontro consonantal**.

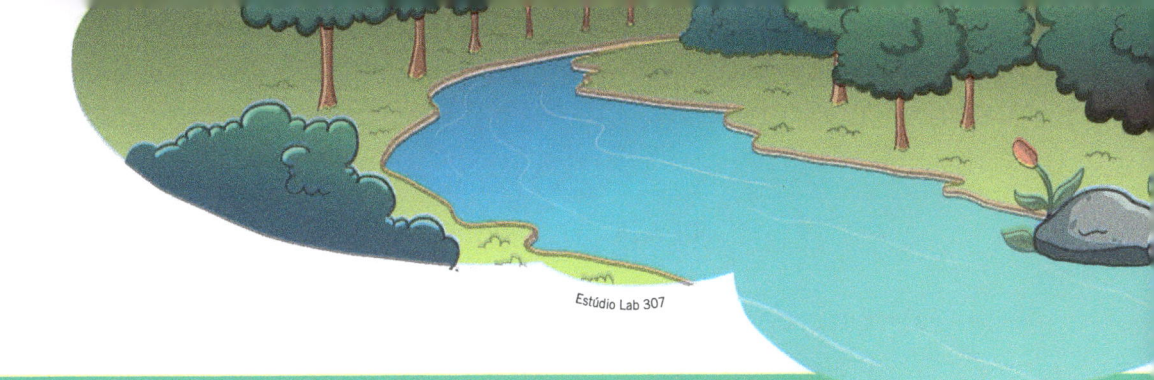

ATIVIDADES

1. Leia estas palavras.

   fluvial • náufrago • provoca • tratar

   a) Separe as sílabas das palavras. Depois, pinte o encontro consonantal.

   _____   _____

   _____   _____

   b) Nessas palavras, o encontro consonantal ocorre:

   ☐ na mesma sílaba.   ☐ em sílabas diferentes.

2. Agora, leia outras palavras e observe os encontros consonantais destacados.

   barco • esgoto • governo • pesca

   a) Separe as sílabas dessas palavras. Depois, pinte o encontro consonantal.

   _____   _____

   _____   _____

   b) Nessas palavras, o encontro consonantal ocorre:

   ☐ na mesma sílaba.   ☐ em sílabas diferentes.

CONCLUA!

Os encontros consonantais podem ocorrer em sílabas

_____ ou na _____ sílaba.

3. Observe as duplas de encontros consonantais a seguir.

    br – bl   pr – pl   cr – cl   fr – fl   tr – tl

   a) Em cada um dos diagramas, encontre cinco palavras com esses encontros e pinte-as com lápis colorido.

   Diagrama 1

B	R	I	N	Q	U	E	D	O
L	A	T	G	E	C	J	O	S
O	P	R	E	C	I	O	S	O
S	T	A	J	P	O	R	A	Y
U	F	P	A	C	R	A	V	O
N	I	O	V	E	B	H	U	M
L	F	R	A	Q	U	E	Z	A

   Diagrama 2

P	L	A	N	E	T	A
E	C	B	F	M	L	T
F	L	E	C	H	A	L
U	A	L	L	E	C	E
H	R	A	B	F	A	T
A	O	D	V	U	B	A
N	U	B	L	A	D	O

   b) Agora, complete:

   - No diagrama 1, os encontros consonantais são formados por uma _____ mais a letra _____.
   - No diagrama 2, os encontros consonantais são formados por uma _____ mais a letra _____.

4. Leia as palavras e circule os encontros consonantais. Depois, pinte os quadrinhos de acordo com a cor.

   ▢ (verde) Encontro consonantal na mesma sílaba.
   ▢ (azul) Encontro consonantal em sílabas diferentes.

   ▢ falta   ▢ presépio   ▢ dormido   ▢ clarineta
   ▢ lista   ▢ acreditar   ▢ livre   ▢ escola

   ◆ Por que é importante reconhecer se o encontro consonantal de uma palavra fica na mesma sílaba ou em sílabas diferentes?

   _____
   _____

5. Complete o quadro de acordo com o exemplo.

Palavras	Encontro das consoantes	Separação de sílabas
capturar	pt	cap-tu-rar
objeto		
admiração		
pneu		

CONCLUA!

Ao separar sílabas, as consoantes de um encontro consonantal ficam:

☐ sempre na mesma sílaba.   ☐ sempre em sílabas diferentes.

☐ às vezes em sílabas diferentes, às vezes na mesma sílaba.

6. Complete as informações do texto com as palavras do quadro.

fracos • grega • ritmo • significa

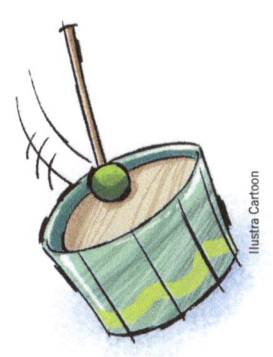

Ritmo pode ser descrito como um movimento coordenado, uma repetição de intervalos musicais regulares ou irregulares, fortes ou _____, longos ou breves, presentes na composição musical. O termo _____ tem origem na palavra _____ *rhytmos*, que _____ qualquer movimento regular, constante [...].

Disponível em: <http://www.infoescola.com/musica/ritmo-musical/>. Acesso em: novembro de 2016.

◆ Agora, complete a frase.

Nas palavras **fracos** e **grega**, o encontro consonantal fica na _____ sílaba. Nas palavras **ritmo** e **significa**, o encontro consonantal fica em sílabas _____.

7. Leia as palavras do quadro e circule os encontros consonantais.

> administrador • advogado • excursões • Edgar
> obturação • recepção • subsolo

◆ Agora, complete os avisos com essas palavras.

EDIFÍCIO SÃO MARCOS

Srta. Rosana Queirós – Recepcionista — Térreo
Identificação de visitantes na _____

Sr. Gregório Lopes – _____ — 1º andar
Reclamações e sugestões sobre o edifício

Dr. Edmundo Soares – Dentista — 2º andar
_____, tratamento e aparelhos de correção — sala 22

Dr. Vagner Aires – _____ — 2º andar
Especialista em causas trabalhistas — sala 26

Dr. _____ Campos – Médico — 3º andar
Tratamentos das infecções de orelha, nariz e garganta

América do Sol – Agência de turismo — 4º andar
Programação de viagens individuais e _____ em grupo

LAVE BEM
Lavagem manual de carros – _____

PARA ESCREVER MELHOR
ORTOGRAFIA: S – SS

Leia esta piada.

Joãozinho chega em casa e entrega ao pai o recibo da mensalidade escolar. O pai olha o preço cobrado e se assusta:
— Meu Deus! Como é caro estudar nesse colégio.
— E olhe, pai, eu sou o que menos estuda da minha classe!

Disponível em: <https://archive.org/stream/PIADAS-DE-ESCOLA/JosCludioDaSilva-PiadasDeEscola_djvu.txt>. Acesso em: novembro de 2016.

1. Leia em voz alta estas palavras da piada.

   se • assusta • mensalidade

   ◆ Nas letras destacadas, **s** e **ss** representam:

   ☐ o mesmo som.

   ☐ sons diferentes.

2. Leia estas palavras.

> sucesso • sino • selva • sítio • sonho
> sucuri • sabichão • salto • sereno • sorridente

a) Distribua as palavras nos quadros de acordo com as letras iniciais.

sa	se	si

so	su

b) Nessas palavras, que letra representa o som /se/?

_____

3. Siga as setas e descubra outras palavras com o som /se/.

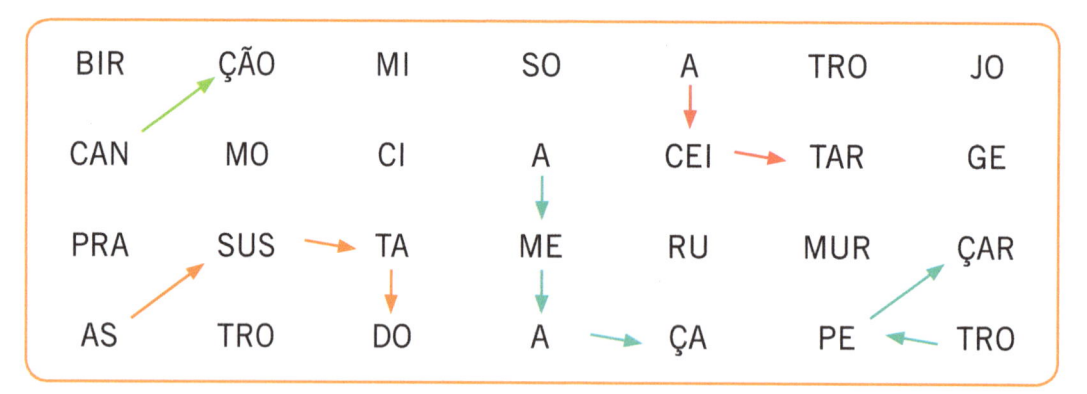

BIR	ÇÃO	MI	SO	A	TRO	JO
CAN	MO	CI	A	CEI	TAR	GE
PRA	SUS	TA	ME	RU	MUR	ÇAR
AS	TRO	DO	A	ÇA	PE	TRO

a) Que palavras você descobriu? Escreva-as.

_____

_____

b) Nessas palavras, o som /se/ é representado por:

☐ ss.   ☐ x.   ☐ c.   ☐ c com cedilha.

4. Pinte as letras **ss** destas palavras.

> girassol • pêssego • profissão

a) Nessas palavras, as letras **ss** representam:

☐ o som /se/.   ☐ outro som.

b) As letras que aparecem antes e depois das letras **ss** são:

☐ vogais.   ☐ consoantes.

CONCLUA!

Nessas palavras, o som /se/ entre _____ é representado na escrita pelas letras _____.

5. Com base no **Conclua!**, escreva o que estas figuras representam.

_____

_____

_____

_____

◆ Essas palavras escrevem-se com _____ e representam o som _____.

6. Pinte a letra **s** destas palavras.

> aniversário • bolso • manso • observar

a) Nessas palavras, a letra **s** representa o som _____.

b) As letras que vêm antes da letra **s** são _____.

c) Nessas palavras, a letras **s** vem depois de:

☐ uma vogal.   ☐ uma letra que não é vogal.

7. Marque com um **X** as palavras em que a letra **s** tem o mesmo som das palavras da atividade anterior. Depois, pinte as letras que vêm antes desse som.

- ☐ diversão
- ☐ casinha
- ☐ usado
- ☐ pulseira
- ☐ cansaço
- ☐ absurdo
- ☐ mosaico
- ☐ ganso
- ☐ conversa

CONCLUA!

Usamos a letra **s** para representar o som /se/ após as letras _____.

8. Encontre no diagrama seis palavras escritas com letras que representam o som /se/.

P	U	G	R	O	Z	D	I	M	E	F	R	A
A	Q	S	E	N	H	O	R	E	S	I	E	G
Ç	O	X	A	S	A	Í	D	A	L	S	N	O
E	P	R	O	F	E	S	S	O	R	E	S	H
T	C	L	A	S	S	E	Y	A	I	D	I	N
O	K	S	P	R	I	L	E	S	O	T	N	U
S	E	X	C	U	R	S	Ã	O	R	E	O	V
E	J	U	V	I	T	A	B	Z	W	K	R	A
B	A	S	U	G	I	L	H	N	A	O	T	S

◆ Escreva essas palavras nos quadros corretos, separando as sílabas.

Palavras com **s** inicial	Palavras com **s** em início de sílaba	Palavras com **ss**
_____	_____	_____
_____	_____	_____

EURECA!

◆ Leia cada adivinha e descubra as palavras!

O que é, o que é?

Quanto mais eu tiro mais eu tenho?
_____

Quanto mais rugas tem mais novo é?
_____

Num instante se quebra se alguém diz o nome dele?
_____

É verde, mas não é planta; fala, mas não é gente?
_____

Quanto mais cresce menos se vê?
_____

Adivinhas populares.

5 DÍGRAFOS

Leia este texto.

Brincadeiras do Norte: Peteca (Bolinhas de Gude ou Bulita)

1. Primeiro, cava-se um buraquinho, conhecido como fossa e poça.
2. Ao acertar a bolinha dentro do buraco, o participante ganha o direito de lançar sua peteca contra as dos adversários.
3. As bolinhas "tecadas" (atingidas) são conquistadas.
4. Se errar, a vez passa para o próximo, que vai precisar, da mesma forma, acertar a fossa antes de tentar "tecar" os adversários. [...]

Revista *Nova Escola*, agosto de 2012. Disponível em: <http://revistaescola.abril.com.br/creche-pre-escola/brincadeiras-regionais-norte-peteca-bolinhas-gude-ou-bulita-699155.shtml>. Acesso em: novembro de 2016. Adaptado.

1. Qual é a finalidade do texto que você leu?

    ☐ Ensinar como se joga peteca (bolinha de gude).

    ☐ Ensinar como cavar um buraquinho para jogar peteca (bolinha de gude).

2. Leia em voz alta estas palavras e observe as letras destacadas.

    bori**nh**a • **ch**ão • espa**lh**adas

    a) Nessas palavras, as letras destacadas representam:

    ☐ um único som.   ☐ dois sons diferentes.

    b) Esses grupos de letras são chamados _____.

    c) Marque quais destas palavras retiradas do texto também apresentam dígrafo.

    ☐ adversários   ☐ errar   ☐ próximo   ☐ fossa

O encontro de duas letras que representam um único som recebe o nome de **dígrafo**. Os dígrafos são: **nh, lh, ch, rr, ss, qu, gu, sc, sç, xc**.

ATIVIDADES

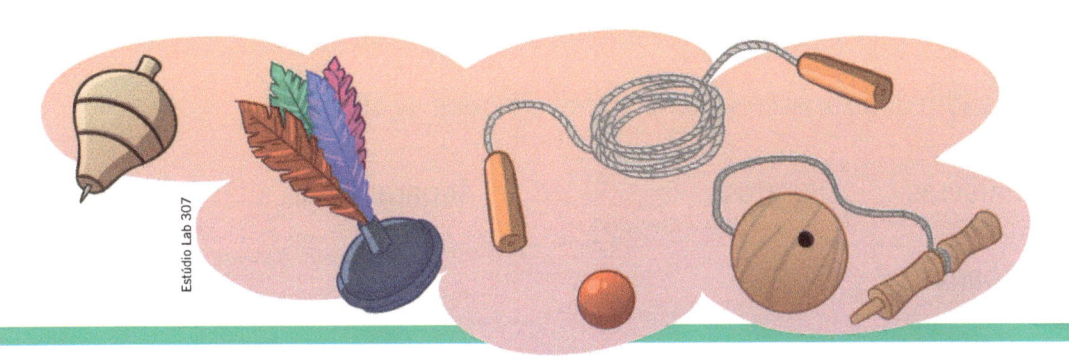

1. Leia as palavras do quadro.

   > brinquedos • guerra • pesquisa • porquinhos • preguiça • quilos

   a) Essas palavras são formadas com os grupos:

   ☐ **que** e **qui**.   ☐ **que**, **qui**, **gue** e **gui**.

   ☐ **gue** e **gui**.

   b) Nos grupos **gue**, **gui**, **que** e **qui** dessas palavras, você:

   ☐ pronuncia a letra **u**.   ☐ não pronuncia a letra **u**.

2. Escreva o nome destas figuras.

   ◆ Nos grupos **gu** e **qu** das palavras que você escreveu, a letra **u**:

   ☐ é pronunciada.   ☐ não é pronunciada.

CONCLUA!

◆ Quando as letras **gu** representam um único _____,

   elas constituem um _____.

◆ Quando as letras **qu** representam um único _____,

   elas também formam um _____.

45

3. No quadro abaixo, escreva os dígrafos e separe as sílabas.

Palavras	Dígrafos	Separação de sílabas
barro		
telhado		
assado		
chamada		
caminho		
pique		
mangue		
piscina		
excelente		
nasço		

◆ Circule os dígrafos que não se separam na divisão das sílabas.

CONCLUA!

Alguns dígrafos são _____ e outros são _____.

4. Ligue as colunas para formar títulos de filmes. Depois, circule os dígrafos.

Missão   de Ferro

Babe: o porquinho   atrapalhado

Pequenos   da Ilha Encantada

Mistério   guerreiros

Homem   impossível

PARA ESCREVER MELHOR
ORTOGRAFIA: C – Ç – SC E CE – CI

Leia este *outdoor*, cartaz de propaganda que fica em ruas e avenidas.

> **Sete bilhões de sonhos.**
> **Um planeta.**
> **Consuma com consciência.**
>
> 5 de junho – Dia mundial do meio ambiente.

Disponível em: <www.cesan.com.br/campanhas/>. Acesso em: novembro de 2016.

1. Leia em voz alta estas palavras do *outdoor* e observe as letras destacadas.

    sonhos • consciência

    ◆ Essas letras:

    ☐ representam o mesmo som.   ☐ representam som diferente.

2. Agora, observe e compare estas palavras.

    sete • consuma

    ◆ A letra **s**, nessas palavras:

    ☐ representa o som /ze/.   ☐ representa o som /se/.

3. Leia em voz alta estas palavras e circule as letras que representam o som /se/.

    açúcar • assunto • centena • cigarra

CONCLUA!

O som /se/ pode ser representado por:

☐ s, ss e z.   ☐ z, ss, sc e ç.

☐ s, ss, sc, c e ç.

4. Desembaralhe as sílabas e forme palavras. Escreva-as nas linhas.

| ção | plan | ta | | men | so | te | | ci | pra | nha |

_____   _____   _____

| di | são | ver | | gra | so | ci | o | | men | nas | to | ci |

_____   _____   _____

| nho | so | zi | | fu | ça | ma | | se | ro | má | fo |

_____   _____   _____

5. Leia estas palavras e siga o exemplo. Observe as letras que são usadas.

nascer → nascido → nascimento

renascer → _____

crescer → _____

florescer → _____

a) Qual grupo de letras que se repete em todas as palavras?

_____

b) Essas letras compõem:

☐ um encontro consonantal.   ☐ um dígrafo.

6. Sublinhe as palavras em que o som /se/ é representado pela letra **c**.

cemitério • centro • certeza • cinema • comércio
crescente • descendente • foice • nascente • piscina

a) Leia em voz alta as palavras que não foram sublinhadas.

b) Nessas palavras, o som /se/ é representado:

☐ pela letra **s**.   ☐ pelo dígrafo **ss**.   ☐ pelo dígrafo **sc**.

7. Leia este trecho de notícia e observe as palavras destacadas.

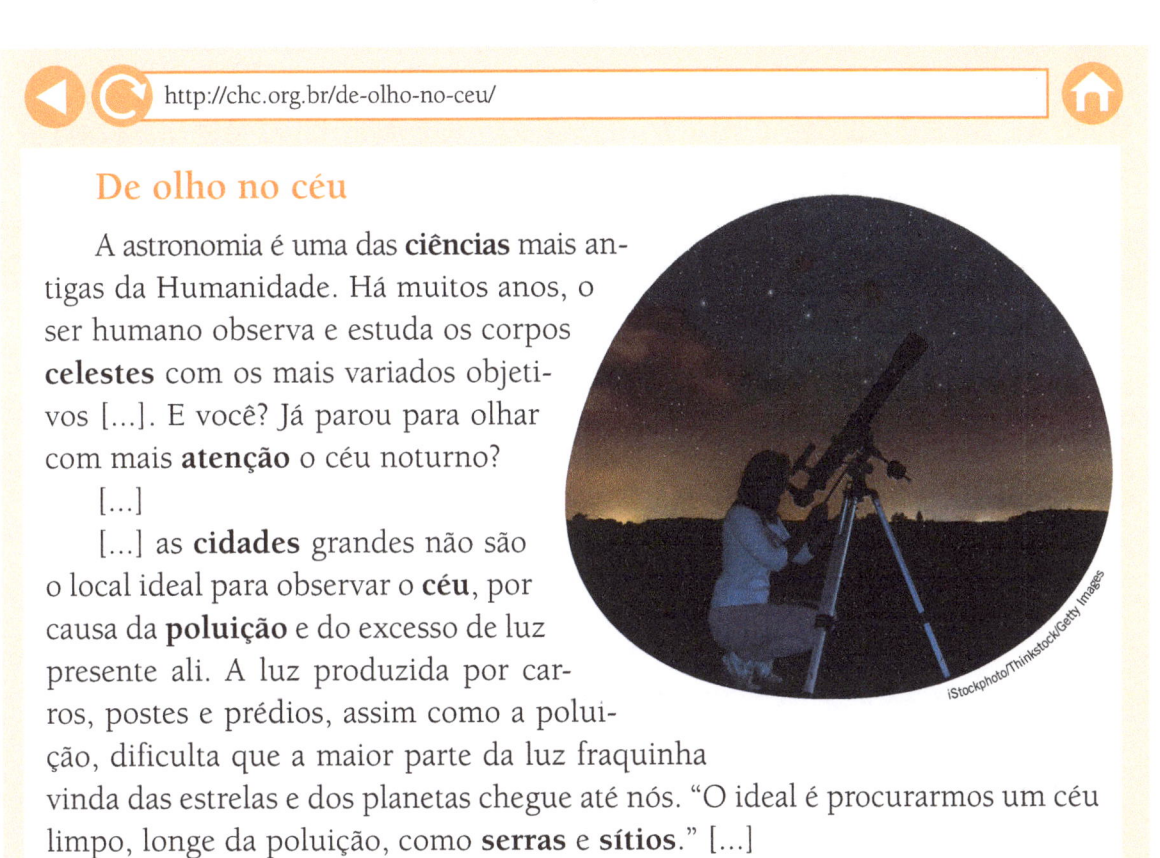

http://chc.org.br/de-olho-no-ceu/

De olho no céu

A astronomia é uma das **ciências** mais antigas da Humanidade. Há muitos anos, o ser humano observa e estuda os corpos **celestes** com os mais variados objetivos [...]. E você? Já parou para olhar com mais **atenção** o céu noturno?

[...]

[...] as **cidades** grandes não são o local ideal para observar o **céu**, por causa da **poluição** e do excesso de luz presente ali. A luz produzida por carros, postes e prédios, assim como a poluição, dificulta que a maior parte da luz fraquinha vinda das estrelas e dos planetas chegue até nós. "O ideal é procurarmos um céu limpo, longe da poluição, como **serras** e **sítios**." [...]

Ciência Hoje das Crianças, 23 de julho de 2010. Disponível em: <chc.org.br/de-olho-no-ceu/>.
Acesso em: novembro de 2016.

a) Nas palavras destacadas, as letras **c**, **s** e **ç** representam o som _____.

b) Organize essas palavras nos quadros a seguir.

Palavras com **ç**	Palavras com **c** antes de **e**

Palavras com **c** antes de **i**	Palavras com **s** inicial

49

EURECA!

VAMOS DECIFRAR UM CÓDIGO?

◆ Use o quadro de códigos e descubra as respostas.

Códigos

1 → A	6 → F	11 → L	16 → Q	21 → V
2 → B	7 → G	12 → M	17 → R	22 → X
3 → C	8 → H	13 → N	18 → S	23 → Á
4 → D	9 → I	14 → O	19 → T	24 → Ç
5 → E	10 → J	15 → P	20 → U	25 → Ê

- Bom resultado.

| 18 | 20 | 3 | 5 | 18 | 18 | 14 |

- Dia em que se completa mais um ano de vida.

| 1 | 13 | 9 | 21 | 5 | 17 | 18 | 23 | 17 | 9 | 14 |

- Erva usada para fazer chá.

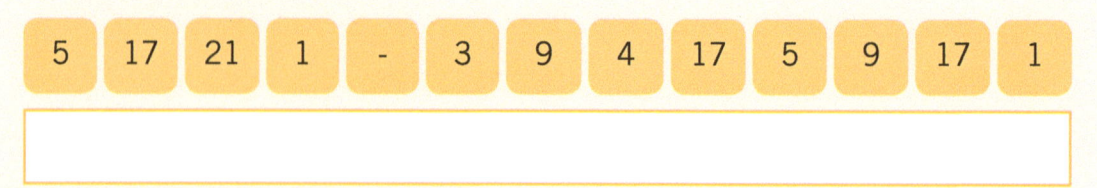

| 5 | 17 | 21 | 1 | - | 3 | 9 | 4 | 17 | 5 | 9 | 17 | 1 |

- Fase do desenvolvimento humano que ocorre após a infância.

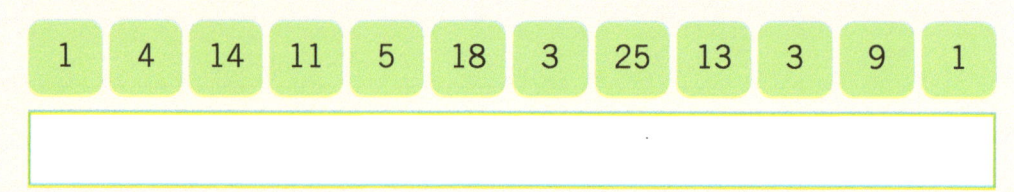

| 1 | 4 | 14 | 11 | 5 | 18 | 3 | 25 | 13 | 3 | 9 | 1 |

REVISÃO

1. Escreva as palavras do quadro na cruzadinha e descubra do que devemos cuidar.

   acidez • açúcar • agressão • atenção
   caça • lenço • nascente • poluição

2. Numere as palavras de acordo com os quadros.

   1. palavras com o dígrafo **qu**   **2.** palavras com o dígrafo **gu**

   ☐ sangue   ☐ aquecer   ☐ quintal   ☐ mangue

   a) Agora, escreva cada palavra de acordo com o seu significado.

   Fica nos fundos de algumas casas. _____

   Vegetação que cresce junto a praias, rios ou lagoas. _____

   Líquido vermelho em nosso corpo. _____

   Esquentar. _____

   b) Essas palavras apresentam:

   ☐ encontro consonantal.   ☐ dígrafo.   ☐ encontro vocálico.

3. A partir das palavras dadas, escreva outras acrescentando apenas uma letra. **Atenção!** Você deve acrescentar sempre a mesma letra e formar um encontro consonantal.

toca _____

maca _____

cata _____

faca _____

pato _____

cavo _____

◆ Que letra você utilizou em todas as palavras? _____

4. Leia em voz alta as palavras e compare as letras destacadas.

cheio • **j**eito

a) Complete as palavras abaixo com **ch** ou **j**.

en____er   desa____eitado

en____imento   a____eitar

____eitoso   en____ente

b) Agrupe as palavras que você completou em suas respectivas famílias.

Família das palavras com **ch**	Família das palavras com **j**
_____	_____
_____	_____
_____	_____

c) Em qual das famílias há palavras com dígrafo?

_____

5. Forme palavras com as sílabas de cor igual e escreva-as em cada grupo.

Grupo 1

com nês pur do
por ta te rar
cam tan po
em por im

_____
_____
_____
_____

Grupo 2

em em bo ba
em la lo ção
xo bra ra gem
as bai som do

_____
_____
_____
_____

Grupo 3

dem men rom
mar or sa
mi gem rim

_____
_____
_____
_____

a) No grupo 1, as palavras são escritas com:

☐ **m** antes de **b**.　　☐ **m** antes de **p**.　　☐ **m** final.

b) No grupo 2, as palavras são escritas com:

☐ **m** antes de **b**.　　☐ **m** antes de **p**.　　☐ **m** final.

c) No grupo 3, as palavras são escritas com:

☐ **m** antes de **b**.　　☐ **m** antes de **p**.　　☐ **m** final.

d) Escreva mais duas palavras em cada grupo, de acordo com as regras de cada um deles.

6 SINAIS GRÁFICOS

Observe esta capa de livro e leia o texto que ela contém.

JULIETA DE GODOY LADEIRA
JACARÉ NÃO MANDA CARTA
UMA AVENTURA A FAVOR DA DESPOLUIÇÃO DOS RIOS
ILUSTRAÇÕES: MARIÂNGELA HADDAD
10ª EDIÇÃO

1. O texto da capa que você leu serve para:

   ☐ contar uma história. ☐ dar informações sobre um livro.

   ☐ fazer propaganda de um livro. ☐ convidar para a leitura de um livro.

2. Observe estas palavras retiradas da capa.

despoluição • ilustrações

◆ Essas palavras são escritas com o auxílio de dois sinais gráficos diferentes.

Quais são eles? _____

3. Agora, observe estas outras palavras da capa.

jacaré • Mariângela

a) Pinte os sinais gráficos usados nessas palavras.

b) Os sinais gráficos que você pintou são chamados de:

☐ acento agudo e til.   ☐ acento agudo e acento circunflexo.

☐ acento circunflexo e til.   ☐ acento agudo e cedilha.

Os sinais gráficos são sinais auxiliares da escrita. Eles ajudam a representar os sons da fala. Veja.

Cedilha – é usada sob a letra **c**, antes de **a**, **o** e **u**, para indicar som /se/: poluição, despoluição, ficção.

Til – é usado sobre as vogais **o** e **a** para indicar som nasal: não, revisão, põe.

Hífen – é usado para:
◆ unir palavras compostas: jacaré-açu;
◆ indicar a divisão de uma palavra: ja-ca-ré;
◆ ligar o pronome ao verbo: contou-lhes.

Acento agudo – é usado para indicar o som aberto das vogais nas palavras acentuadas: jacaré, história, é.

Acento circunflexo – é usado para indicar o som fechado das vogais nas palavras acentuadas: Tietê, infância.

ATIVIDADES

1. Leia estes nomes de aves e circule os sinais gráficos que você encontrar.

   gavião • guará
   pica-pau • sabiá
   sanhaço • irerê

   Irerê.

   a) Que sinais gráficos você encontrou?

   ☐ Acento agudo.   ☐ Cedilha.   ☐ Til.
   ☐ Acento circunflexo. ☐ Hífen.

   b) Marque com um **X** os nomes de animais que têm esses mesmos sinais gráficos.

   ☐ Preguiça.   ☐ Peixe-boi.   ☐ Sucuri.
   ☐ Mico-preto.   ☐ Baleia.   ☐ Camaleão.
   ☐ Tamanduá.   ☐ Tubarão.   ☐ Garça.

2. Em cada palavra a seguir, falta um sinal gráfico. Escreva-as na linha correta do quadro, acrescentando o sinal que falta.

   beija flor • braco • diferenca • espetaculo • guarda roupa
   impressao • incrivel • nao • pessego • tenis

Palavras com sinais gráficos	
til	
cedilha	
acento agudo	
acento circunflexo	
hífen	

56

3. Complete o texto com as palavras do quadro.

> atrações • clássicos • criança • emoções • há • instala-se

"O circo é uma _____ que nunca envelhece"

[...] Do Norte ao Sudeste [do Brasil], o circo _____ em volta das capitais, uma lona perto da outra. As _____ misturam números _____ com imitações de personagens e programas da TV e um pouco do folclore.

[...]

É uma mistura de arte e esporte. No circo, o homem tenta superar seus limites e expressar _____ a um público. _____ pelo menos seis mil anos, os chineses já desenvolviam o malabarismo e a acrobacia. [...]

Folha de S.Paulo. Folhinha. Disponível em: <www1.folha.uol.com.br/folhinha/dicas/di23059801.htm>. Acesso em: novembro de 2016.

4. Complete o aviso com os sinais gráficos que faltam.

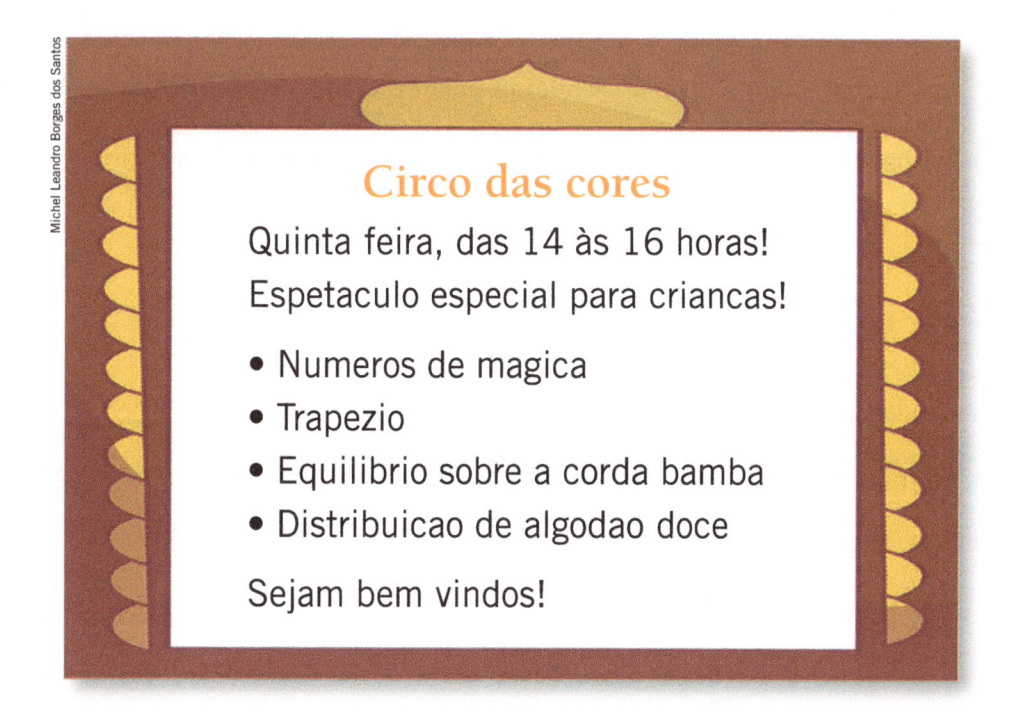

Circo das cores

Quinta feira, das 14 às 16 horas!
Espetaculo especial para criancas!

- Numeros de magica
- Trapezio
- Equilibrio sobre a corda bamba
- Distribuicao de algodao doce

Sejam bem vindos!

PARA ESCREVER MELHOR
ORTOGRAFIA: S E Z

Leia esta notícia.

Super-heróis fazem surpresa para crianças internadas

Esta semana uma surpresa está arrancando sorrisos de meninos e meninas internados no Hospital Infantil Sabará, em Higienópolis, região central da capital. Até sexta-feira eles recebem a visita de vários super-heróis.

Disponível em:<www.sonoticiaboa.com.br/2015/10/06/super-herois-limpam-janela-de-criancas-em-hospital/>. Acesso em: novembro de 2016.

1. Leia em voz alta estas palavras. Observe e compare as letras destacadas.

fazem • surpresa • visita

◆ Nessas palavras, as letras destacadas representam:

☐ som igual. ☐ som diferente.

2. Pinte as palavras em que as letras **s** e **z** representam o som /ze/.

O que é, o que é
Uma árvore frondosa,
Doze galhos, simplesmente
Cada galho, trinta frutas,
Com vinte e quatro sementes?

Disponível em: <www.jangadabrasil.com.br/abril20ca20040a.htm>. Acesso em: julho de 2016.

◆ Na palavra **frondosa**, as letras que vêm antes e depois de **s** são:

☐ vogais. ☐ consoantes.

CONCLUA!

Nessa palavra, a letra **s** entre _____ representa o som _____.

◆ Marque com um **X** as palavras em que a letra **s** representa o som /ze/.

☐ Preso. ☐ Pasto. ☐ Piso. ☐ Sussuro.
☐ Casaco. ☐ Sorriso. ☐ Ásia. ☐ Risada.

3. Leia as palavras do quadro. Escolha e escreva a palavra que combina com cada uma das que estão abaixo.

> bondosa • desajeitado • esquisito • estudioso • perigoso • teimosa

homem _____   caminho _____

bicho _____   menino _____

criança _____   vizinha _____

◆ Nas palavras que você escreveu, pinte a letra **s** que representa o som /ze/.

4. Observe como esta palavra é formada.

> personagem **com fama** ⟶ personagem **famoso**
>
> fama + **-oso**

a) Continue você!

Gato com preguiça. ⟶ _____

Aluno com curiosidade. ⟶ _____

Lugar com perigo. ⟶ _____

Beijo com carinho. ⟶ _____

b) Nas palavras que você formou, a letra **s** tem:

☐ som /se/.   ☐ som /ze/.

5. Leia estes quadrinhos.

Suriá, de Laerte. *Folha de S.Paulo*, Folhinha, 4/12/2004.

a) Releia a palavra destacada na fala de Úrsula e observe como ela é formada.

> Professora, me ensina a tocar "Noite Feliz" com **delicadeza** e sentimento...?

> aquilo que é **delicado** → aquilo que tem **delicadeza**
>
> delicado + **-eza**

b) Continue você!

Pessoa que é gentil. → _____

Doente que está fraco. → _____

País que é pobre. → _____

Casa que está limpa. → _____

6. Leia estes versos e observe as palavras destacadas.

> Juarez, agora é a sua vez.
> O Júlio já fala **inglês**.
> O Joca, **javanês**.
> A Juliana, **chinês**.
> [...]
>
> Paulo Netho. *Poesia futebol clube e outros poemas*.
> São Paulo: Formato, 2014.

a) Agora, complete de acordo com o exemplo.

> Inglaterra → inglês → ingle**s**a

Java → **javanês** → _____

China → **chinês** → _____

b) A letra **s** nas palavras **javanês** e **chinês** representa o som _____.

c) A letra **s** nas palavras que você escreveu representa o som _____.

CONCLUA!

Nessas palavras, quando a letra **s** final recebe a terminação **-a**:

☐ seu som muda.   ☐ seu som não muda.

DIVERTIDAMENTE

Qual é o sinal?

◆ Um sinal gráfico faz toda a diferença! Quais deles você deve usar para transformar estas palavras? Descubra!

Palavra	Sinal gráfico usado	Palavra formada
faca	+ cedilha →	faça
caca	+	→
maça	+	→
mas	+	→
louca	+	→
roca	+	→
coca	+	→
nos	+	→

61

7 ACENTUAÇÃO GRÁFICA I

Leia este início de uma lenda.

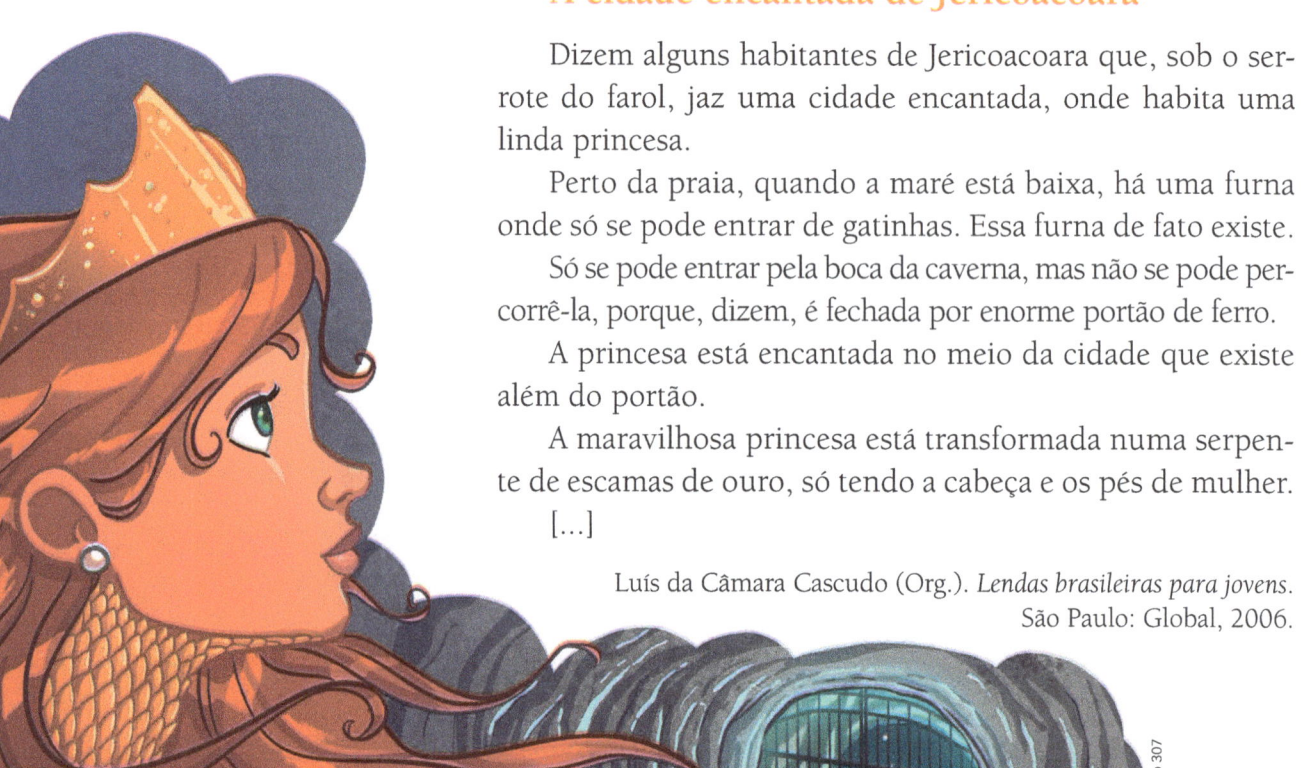

A cidade encantada de Jericoacoara

Dizem alguns habitantes de Jericoacoara que, sob o serrote do farol, jaz uma cidade encantada, onde habita uma linda princesa.

Perto da praia, quando a maré está baixa, há uma furna onde só se pode entrar de gatinhas. Essa furna de fato existe.

Só se pode entrar pela boca da caverna, mas não se pode percorrê-la, porque, dizem, é fechada por enorme portão de ferro.

A princesa está encantada no meio da cidade que existe além do portão.

A maravilhosa princesa está transformada numa serpente de escamas de ouro, só tendo a cabeça e os pés de mulher.
[...]

Luís da Câmara Cascudo (Org.). *Lendas brasileiras para jovens*. São Paulo: Global, 2006.

1. Lendas como essa contam:

    ☐ uma história verdadeira sobre um personagem.

    ☐ uma história totalmente criada pela imaginação.

    ☐ uma história que mistura fatos reais e fatos imaginários.

2. Leia devagar e em voz alta estas frases, observando a pronúncia das palavras destacadas.

> A **princesa** está presa na cidade que existe **além** do portão.
> O velho **mágico**, entretanto, nada pôde fazer.

◆ Em cada uma das palavras destacadas, há uma sílaba pronunciada com mais força, chamada de **sílaba tônica**. Complete.

Em **além**, a sílaba tônica é _____, a última sílaba da palavra.

Em **princesa**, a sílaba tônica é _____, a penúltima sílaba da palavra.

Em **mágico**, a sílaba tônica é _____, a antepenúltima sílaba da palavra.

3. De acordo com a posição em que aparece a sílaba tônica em uma palavra de duas ou mais sílabas, a palavra pode ser:

> oxítona: a sílaba tônica é a **última** sílaba da palavra.
> paroxítona: a sílaba tônica é a **penúltima** sílaba da palavra.
> proparoxítona: a sílaba tônica é a **antepenúltima** sílaba da palavra.

◆ Nestas palavras, escreva **1** para oxítona, **2** para paroxítona e **3** para proparoxítona.

☐ maré, fazer, está   ☐ mágico   ☐ cidade, pôde, linda

Todas as palavras com mais de uma sílaba possuem uma sílaba tônica.
◆ A sílaba tônica pode aparecer em posições diferentes: na última sílaba, na penúltima sílaba ou na antepenúltima sílaba.
◆ De acordo com a posição em que aparece a sílaba tônica em uma palavra de duas ou mais sílabas, a palavra pode ser **oxítona**, **paroxítona** ou **proparoxítona**.
Importante: nem todas as palavras recebem acento gráfico.

4. Releia estas palavras do texto e pinte a sílaba tônica.

> encantada • farol • maré • portão • serpente

a) Marque com um **X** a posição da sílaba tônica destas palavras.

encantada → ☐ antepenúltima ☐ penúltima ☐ última

farol → ☐ antepenúltima ☐ penúltima ☐ última

maré → ☐ antepenúltima ☐ penúltima ☐ última

portão → ☐ antepenúltima ☐ penúltima ☐ última

serpente → ☐ antepenúltima ☐ penúltima ☐ última

b) Para cada uma das palavras, retire do texto outra palavra que tenha a sílaba tônica na mesma posição e complete o quadro.

	Palavras do texto	Outras palavras do texto
Bloco 1	farol maré portão	_____ _____ _____ _____ _____
Bloco 2	serpente encantada	_____ _____ _____ _____ _____

ATIVIDADES

1. Observe as fotografias e acentue as palavras onde for necessário.

| búfalo | víbora | jacaré |

| hipopótamo | pássaro | tamanduá |

a) Escreva somente os nomes de animais que sejam palavras proparoxítonas.

_____

b) Nessas palavras, o acento está na _____

sílaba; por isso, essas palavras são _____.

CONCLUA!

Todas as palavras proparoxítonas _____.

2. Leia estes títulos de filmes. Neles estão faltando os acentos em algumas das palavras. Escreva-os e coloque os acentos que faltam.

101 Dalmatas: _____

A Pedra Magica: _____

O Pequeno Principe: _____

Bob Esponja: um heroi fora d'agua: _____

PARA ESCREVER MELHOR
ORTOGRAFIA: AS – AZ, ES – EZ, IS – IZ, OS – OZ, US – UZ

Você conhece os ossos do seu corpo? Sabe quantos ossos formam o esqueleto humano? Leia os textos e fique sabendo!

Ossos

[...] O esqueleto é formado por 200 ossos! Ele é a estrutura do corpo, quem dá força ao organismo e protege os órgãos internos. Com um grande espírito de equipe, os ossos trabalham todo o tempo em conjunto [...].

Disponível em:
<www.canalkids.com.br/saude/corpo/ossos.htm>.
Acesso em: novembro de 2016.

[...]
Os 12 pares de costelas são um grupo especial no batalhão dos ossos. Elas são os seguranças do coração e do pulmão. Para proteger esses órgãos, elas formam a caixa torácica, com a ajuda do esterno, o osso do peito. As costelas são elásticas e se movimentam quando enchemos o pulmão de ar. [...]

Disponível em:
<http://www.canalkids.com.br/saude/corpo/cabeca.htm>.
Acesso em: novembro de 2016.

1. Veja as letras destacadas nestas palavras retiradas do texto.

   esqueleto • organ**is**mo • c**os**telas

   ◆ Qual é a letra que vem depois das vogais destacadas **e, i, o**?

   _____

2. Agora, observe e compare estas palavras.

   rigid**ez** • nar**iz**

   ◆ Qual é a letra que vem depois das vogais destacadas **e, i**?

   _____

3. Leia com atenção as palavras da coluna 1.

Coluna 1	Coluna 2	Coluna 3
aprendiz • músculo		
costela • giz		
escola • respiração		
pescoço • escrita		
nariz • lápis		

a) Na coluna 1, pinte de uma cor as palavras que têm **s** após vogal e de outra cor as palavras que têm **z** após vogal.

b) Escreva, na coluna 2, as palavras relacionadas ao corpo humano e, na coluna 3, as que sobraram.

4. Observe a letra final destas palavras. Depois, complete o quadro com **s** ou **z**.

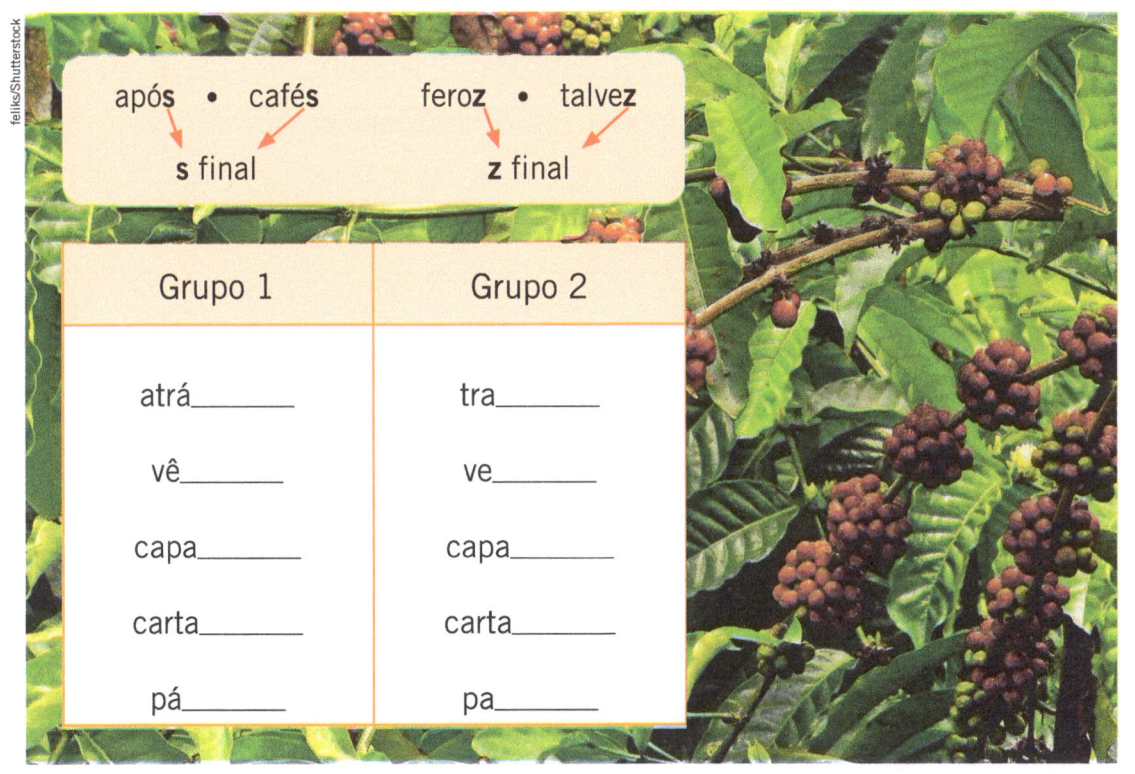

após • cafés → **s** final

feroz • talvez → **z** final

Grupo 1	Grupo 2
atrá_____	tra_____
vê_____	ve_____
capa_____	capa_____
carta_____	carta_____
pá_____	pa_____

Pés de café.

◆ No grupo 1, você completou as palavras com a letra _____ e, no grupo 2, com a letra _____.

67

5. Complete o quadro com o que se pede.

Letra que falta	s final	z final	Palavra completa
gravide_____			
paí_____			
xadre_____			
atrá_____			

6. Troque as letras indicadas e forme monossílabos com **s** ou com **z** finais.

   a) **noz**

   troque **z** por **s** _____

   troque **n** por **v** _____

   b) **paz**

   troque **a** por **á** e **z** por **s** _____

   troque **a** por **u** e **z** por **s** _____

   troque **a** por **ô** e **z** por **s** _____

7. Ligue as colunas.

   Coluna 1

   Xadrez

   Cobertores Sergipe

   Esporte

   Fósforo aceso

   Coluna 2

   perigo nas florestas

   qualidade e maciez

   um jogo para a inteligência

   saúde para o corpo

   ◆ Agora, escreva frases usando os trechos que você ligou. Veja o exemplo.
   Cobertores Sergipe: qualidade e maciez.

   _____
   _____
   _____
   _____

EURECA!

Pense rápido!

◆ Teste seus conhecimentos! Descubra as palavras correspondentes a cada definição e complete os quadrinhos.

Órgão do nosso corpo que faz parte do sistema digestório.
☐ ☐ G ☐ ☐ ☐

Parte do corpo humano responsável pela inteligência.
☐ ☐ R ☐ ☐ ☐ ☐

Órgão do nosso corpo responsável pela digestão.
☐ ☐ ☐ ☐ ☐ ☐ A ☐ ☐ ☐

Existem 650 em nosso corpo e permitem nossos movimentos.
M ☐ ☐ ☐ ☐ ☐ ☐ ☐

Exercícios para fortalecer o corpo praticados no solo ou com auxílio de aparelhos.
☐ ☐ ☐ ☐ Á ☐ ☐ ☐ ☐ ☐

Cada um dos ossinhos da coluna vertebral.
☐ ☐ ☐ T ☐ ☐ ☐ ☐

Jogos entre vários países que se repetem de quatro em quatro anos, desde 1896.
☐ ☐ ☐ I ☐ ☐ ☐ ☐ ☐ ☐

Aparelho com lentes usado para melhorar a visão.
☐ ☐ C ☐ ☐ ☐ ☐

Unidade básica do organismo, que forma os tecidos do nosso corpo.
☐ ☐ ☐ ☐ ☐ A

69

8 ACENTUAÇÃO GRÁFICA II

Veja os nomes das cidades que aparecem nestes versos.

Um tatu de Tietê
manda beijos pra você.

Um tatu de Timbó
nunca come jiló.

Um tatu de Tuiuti
é amigo do jabuti.

Um tatu de Tupinambá
vai pra São Paulo
ou pro Paraná?

Elias José. *Um jeito bom de brincar.*
São Paulo: FTD, 2002. Série Arca de Noé.

1. Esse poema tem a intenção de:

    ☐ apresentar cidades.   ☐ fazer um convite.   ☐ divertir o leitor.

2. Observe os nomes das cidades e a sílaba tônica destacada em cada um deles.

    Tie**tê** • Tim**bó** • Tuiu**ti** • Tupinam**bá**

    a) Essas palavras são:

    ☐ oxítonas.   ☐ paroxítonas.   ☐ proparoxítonas.

    b) São acentuadas:

    ☐ todas as quatro palavras.   ☐ apenas as que terminam em **a, e, o**.

> Nem todas as palavras oxítonas são acentuadas. Veja: tatu, adeus, jabuti, capim, beber.
> Acentuamos somente as oxítonas terminadas em **a/as**, **e/es**, **o/os** e **em/ens**. Veja: você, jiló, também, atrás, parabéns.

ATIVIDADES

1. Leia o nome de alguns municípios brasileiros e seus respectivos estados.

   Aracaju • Bahia
   Belém • Buritis
   Ceará • Mato Grosso
   Minas Gerais • Nobres
   Pará • Quixadá
   Salvador • Sergipe

   Mercado Ver-o-peso, em Belém, Pará.

   a) Circule as palavras oxítonas. Depois, escreva-as nos quadros corretos.

Palavras oxítonas acentuadas	Palavras oxítonas não acentuadas
_____	_____
_____	_____

   b) Agora, complete de acordo com os quadros acima.

   As oxítonas acentuadas terminam em _____ e as

   oxítonas não acentuadas terminam em _____.

CONCLUA!

Acentuamos as palavras oxítonas terminadas em

_____ seguidas ou não de **s**.

2. Complete as frases usando as palavras do quadro.

> alguém • dúvidas • elétricos • inglês • ninguém

Se tiver _____ na aula, fale com a sua professora.

Se precisar, peça a ajuda de _____ ao seu lado.

Além de estudar _____, quero aprender espanhol.

Aprendemos que _____ deve jogar lixo no chão.

As baterias usadas em brinquedos _____ devem ser devolvidas ao fabricante.

◆ As palavras que você escreveu são:

☐ oxítonas. ☐ paroxítonas. ☐ proparoxítonas.

3. Observe a figura e complete o rótulo com o nome da fruta de que o suco é feito.

◆ Você escreveu uma palavra proparoxítona ou oxítona? Qual?

_____

4. Leia estas palavras.

> abobora • ananas • binoculo • bone • bussola • cafe • fuba
> guarana • jilo • lampadas • maio • maquinas • maracuja
> oregano • paleto • picole • retros • sofa • xicaras

a) Agora, escreva as palavras nos quadros corretos e coloque os acentos que estão faltando.

Alimentos e bebidas que podemos comprar em feiras ou supermercados

Roupas e objetos que podemos comprar em lojas

b) Sublinhe as palavras oxítonas e circule as proparoxítonas.

c) Todas as palavras receberam acento?

☐ Sim.   ☐ Não.

d) Com que letras terminam as palavras oxítonas?

_____

PARA ESCREVER MELHOR
ORTOGRAFIA: X E CH

Leia este *outdoor*.

Se você não **joga lixo** no chão da **sua casa,** porque vai jogar no chão da sua cidade?

Disponível em: <https://pbs.twimg.com/media/BC2UkcFCAAAjQrV.jpg>. Acesso em: novembro de 2016.

1. Leia em voz alta as palavras a seguir, utilizadas no *outdoor*. Observe e compare as letras destacadas.

    li**x**o • **ch**ão

    ◆ Nessas palavras, as letras **x** e **ch**:
    ☐ representam sons diferentes.
    ☐ representam o mesmo som.

2. Agora, leia em voz alta estas dicas e observe as palavras destacadas.

    Seja o primeiro a dar o **exemplo**!
    Não jogue lixo no chão. Carregue-o até a lixeira mais **próxima**.
    Descarte o lixo **tóxico** (pilhas, baterias) em locais apropriados.

    ◆ Escreva a palavra destacada em que a letra **x** representa os sons indicados.

    Letra **x** com som /ze/: _____.

    Letra **x** com som /se/: _____.

    Letra **x** com som /cse/: _____.

3. Nestas palavras, a letra **x** representa sons diferentes. Leia em voz alta um quadro de cada vez.

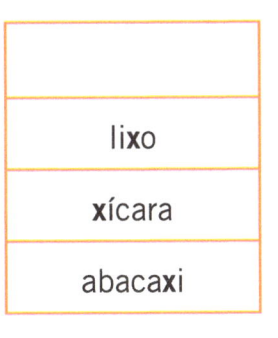

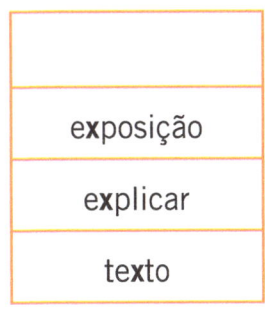

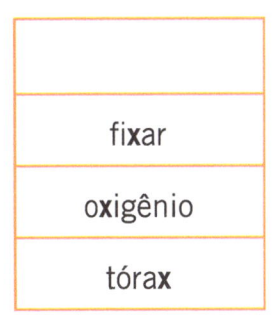

e**x**ercício	li**x**o	e**x**posição	fi**x**ar
e**x**istir	**x**ícara	e**x**plicar	o**x**igênio
e**x**emplo	abaca**x**i	te**x**to	tóra**x**

◆ Escreva na primeira linha dos quadros:
   1 ⟶ para letra **x** com som /ze/.
   2 ⟶ para letra **x** com som /cse/.
   3 ⟶ para letra **x** com som /xe/.
   4 ⟶ para letra **x** com som /se/.

4. Com as palavras abaixo, complete este texto sobre uma ave exótica bastante conhecida no nosso país.

chega • extremidade • exótico • machos

Pavão

[...] Assim como seus primos [os faisões], os pavões _____

são mais vistosos e um pouco maiores que as fêmeas.

Sem dúvida, é um animal _____ e sedutor. [...]

O macho _____ a medir mais de 2 m, do bico à

_____ da cauda. [...]

Disponível em: <www.petfriends.com.br/enciclopedia/aves/pavao/>.
Acesso em: novembro de 2016.

Pavão.

5. Leia as trovinhas e os provérbios e circule as palavras com a letra **x**.

Trovinhas

Dentro do peito eu tenho
Duas espinhas de peixe.
A primeira pede que te ame,
A segunda, que eu te deixe.

Sexta-feira tem um ano
Que meu coração se quebrou
Quem morava dentro dele
Pegou a chave e levou.

Trovas populares.

Provérbios

Bom exemplo e boa razão cativam coração.

Cerração baixa, sol que racha.

Provérbios populares.

a) Complete o quadro com as palavras que você circulou.

x com som /xe/	
x com som /se/	
x com som /ze/	

b) Nesses textos, quais são as palavras que têm som /xe/, mas não se escrevem com a letra **x**?

_____

CONCLUA!

O som /xe/ pode ser representado:

☐ apenas pela letra **x**.   ☐ pela letra **x** e pelas letras **ch**.

6. Leia as frases a seguir e circule as palavras escritas com **x**.

A nossa próxima viagem será para Fortaleza.

Conhecer o Pantanal é uma aventura extraordinária.

Animais selvagens: os caçadores devem deixá-los em paz.

As notícias sobre o desaparecimento de alguns animais não são exageradas.

As aves exóticas são sempre as mais perseguidas pelos caçadores.

São frequentes as excursões ao Pantanal.

A onça-pintada corre o risco de ser extinta.

Um roteiro bem-feito dá boas explicações aos turistas.

a) Preencha a cruzadinha com as palavras que você circulou.

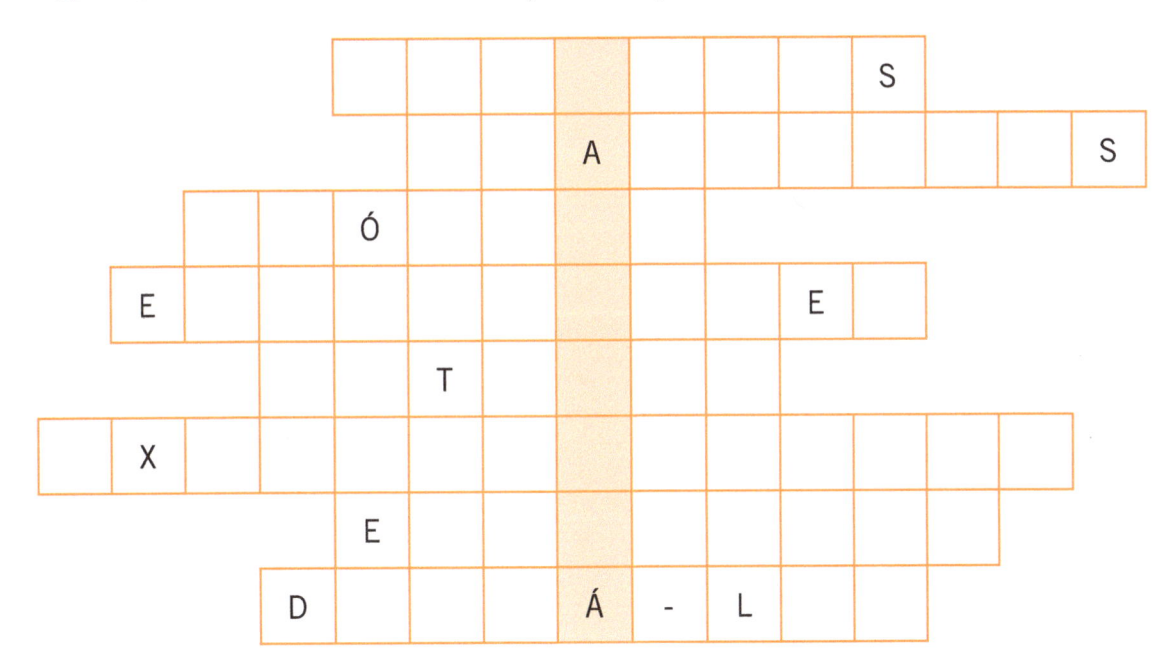

b) Leia a palavra que se formou na coluna vertical destacada. Essa palavra é o nome de um animal encontrado nas Américas Central e do Sul e que está em perigo de extinção.

c) Agora, escreva cinco palavras da cruzadinha em que a letra **x** representa o som /se/.

_____

7. Leia estes trava-línguas.

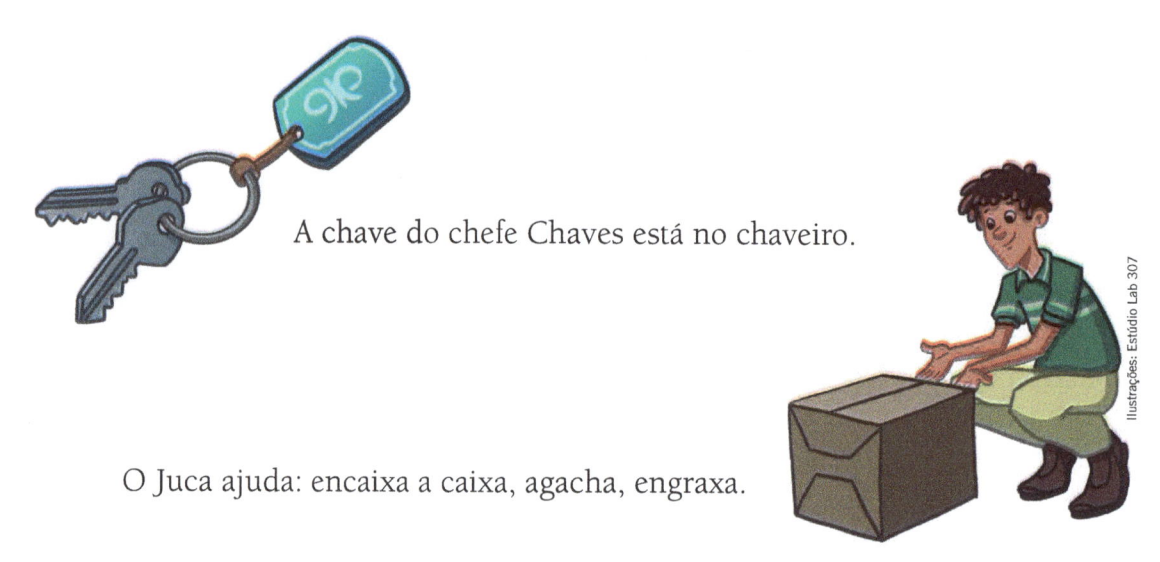

A chave do chefe Chaves está no chaveiro.

O Juca ajuda: encaixa a caixa, agacha, engraxa.

Trava-línguas populares.

a) Pinte de azul as palavras escritas com a letra **x** e de vermelho as palavras escritas com as letras **ch**.

b) Nessas palavras, essas letras representam:

☐ o som /se/.   ☐ o som /xe/.

☐ o som /ze/.   ☐ o som /cse/.

8. Encontre no diagrama seis palavras escritas com a letra **x** e escreva-as no quadro de acordo com o som que essa letra representa.
Atenção! Cada linha do diagrama pode ter mais de uma palavra.

C	E	G	L	A	S	T	U	J	I	Z	L	I	N
O	N	E	X	E	M	P	L	O	R	T	E	C	Z
F	I	X	O	Z	O	N	T	Á	X	I	M	B	R
N	L	I	X	O	A	D	I	B	E	X	I	G	A
T	U	Q	E	X	E	R	C	Í	C	I	O	T	U
O	D	U	S	A	N	O	M	P	R	U	F	E	X

x com som /ze/	x com som /xe/	x com som /cse/

EURECA!

Descubra algumas curiosidades sobre as baleias!

◆ Decifre o código e descubra as palavras para completar as frases.

e	n	s	i	t	é	g	x	m	o	p	ê
🪼	🌿	🦀	🐴	⭐	🌳	🦞	🐙	🐚	🐠	🐟	🍀

🪼🐙🦀⭐🪼   🐟🪼🐙🪼🦀   🪼🐙🦀⭐🪼🐚

_____   _____   _____

🐠🐙🦞🍀🌿🐴🐠   🪼🐙⭐🐴🐟⭐🐠🦀

_____   _____

As baleias batem as nadadeiras na água, saltam, jogam _____ para cima... Enfim, também usam a linguagem corporal.

Elas sobem à superfície do mar com frequência porque retiram do ar o _____ de que precisam para respirar.

A baleia-azul pesa cerca de 140 toneladas e é o maior animal que _____. Provavelmente, nem mesmo os _____ dinossauros eram maiores do que ela.

Já a baleia-anã é uma das menores espécies que _____. Ela vive cerca de 30 anos.

REVISÃO

1. Coloque a cedilha nas palavras deste caminho, quando necessário.

E	X	E	C	U	C	Ã	O	C	E	N	Á	R	I	O	P	A	C	O
	C	I	R	C	U	L	A	C	Ã	O	A	C	E	I	T	A	R	C
A		P	A	L	H	A	C	A	D	A	V	A	C	I	N	A	M	A
C	C	B	A	C	I	A	S	C	A	L	C	A	D	A	A	A	A	F
E	E	A	E	X	P	O	S	I	C	Ã	O	C	É	U	C	C	Á	
S	M	C	A	Í	C	O	L	E	C	I	O	N	A	R	O	Ã	C	
O	R	E	F	E	I	C	Ã	O	M	E	L	A	N	C	I	A	I	
	D	A	N	C	A	R	A	C	E	R	T	O	C	A	C	A	R	L

2. Leia o texto a seguir.

> Na floresta do oeste da Amazônia vive um bicho curioso, chamado leãozinho. Apesar do nome, esse animal é um macaquinho que quase nunca vem ao chão.
>
> Saiba mais sobre ele:
>
> - tamanho: mesmo depois de grande, ele continua pequeno. É o menor macaco brasileiro;
> - comunicação: o leãozinho possui uma incrível capacidade de se comunicar.

◆ Agora, complete os quadros com palavras do texto.

Palavras escritas com **c**, **ss** e **ç** representando som /se/	Palavras escritas com **s** representando som /ze/

3. Leia as palavras dos quadros e circule a sílaba tônica. Depois, em cada quadro, pinte a palavra que não faz parte do grupo.

1	2	3	4
também	levando	cantar	mesa
aproximou	pessoas	agarrou	até
fácil	árvore	água	aquilo
afogar	folha	fechou	disse

◆ Agora, responda: por que as palavras que você pintou não pertencem ao grupo em que estão?

_____

_____

_____

_____

4. Substitua os sinais pelas letras de acordo com o código e forme palavras.

a	r	p	s	i	d	o	e	n	c	z	ã	m	u	é	l	ç	ú

5. Encontre no diagrama oito palavras que tenham o som /ze/.
   Atenção! Esse som está representado por diferentes letras.

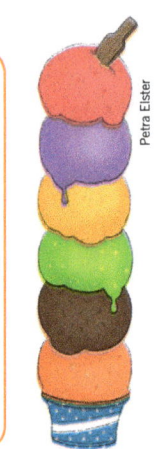

B	D	A	Á	I	É	B	V	I	Z	I	N	H	O	Í
T	A	S	O	B	R	E	M	E	S	A	J	U	Í	T
Í	B	Z	B	K	S	L	C	U	R	I	O	S	O	A
U	É	E	D	P	P	E	S	Q	U	I	S	A	T	B
A	S	U	T	G	O	Z	A	D	O	A	Ó	D	C	D
B	K	P	C	A	S	A	C	O	J	U	Í	Z	O	U

◆ Escreva nas colunas corretas as palavras que você encontrou.

Som /ze/	
Letra **s**	Letra **z**
_____	_____
_____	_____
_____	_____
_____	_____

6. Tente decifrar estas charadas.

O que é que vive por um fio e morre por um fio?
_____

O que é que quando se perde nunca mais se acha?
_____

O que é que anda deitado e dorme em pé?
_____

◆ Agora, pinte as palavras das respostas de acordo com a cor.

■ oxítona   ■ paroxítona   ■ proparoxítona

7. Acentue as palavras do texto quando necessário e escreva-as no quadro.

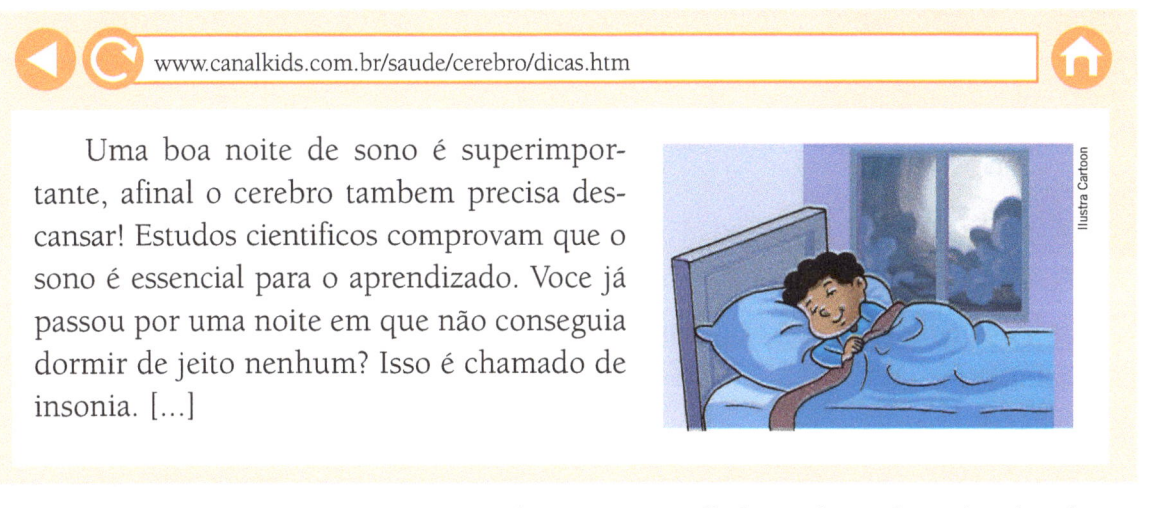

> www.canalkids.com.br/saude/cerebro/dicas.htm
>
> Uma boa noite de sono é superimportante, afinal o cerebro tambem precisa descansar! Estudos cientificos comprovam que o sono é essencial para o aprendizado. Voce já passou por uma noite em que não conseguia dormir de jeito nenhum? Isso é chamado de insonia. [...]

Disponível em: <www.canalkids.com.br/saude/cerebro/dicas.htm>. Acesso em: novembro de 2016.

Oxítonas	
Paroxítonas	
Proparoxítonas	

8. Complete as palavras abaixo com **x** ou **ch**.

abai____ar   abai____o   ____uvisco

cai____ão   pu____ador   cai____ote

____uvarada   ____uveiro   pu____ão

abai____ado   repu____ar   encai____ar

◆ Escreva as palavras que você completou nas colunas adequadas.

puxar	chuva	caixa	baixo

9 A FRASE

Como surgiram os sinais de pontuação? Quem inventou o ponto de interrogação? Leia este poema que "brinca" com esse assunto.

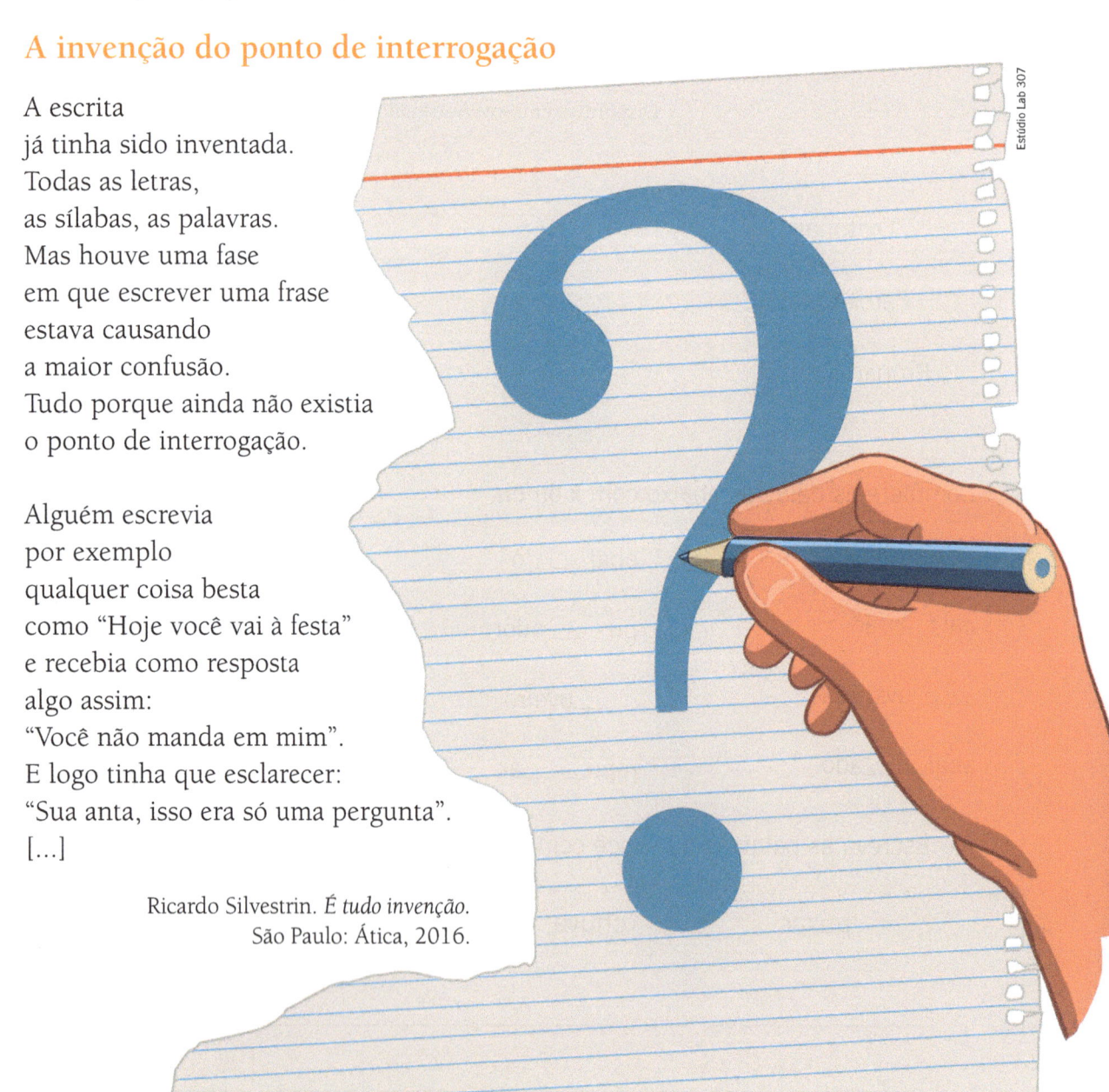

A invenção do ponto de interrogação

A escrita
já tinha sido inventada.
Todas as letras,
as sílabas, as palavras.
Mas houve uma fase
em que escrever uma frase
estava causando
a maior confusão.
Tudo porque ainda não existia
o ponto de interrogação.

Alguém escrevia
por exemplo
qualquer coisa besta
como "Hoje você vai à festa"
e recebia como resposta
algo assim:
"Você não manda em mim".
E logo tinha que esclarecer:
"Sua anta, isso era só uma pergunta".
[...]

Ricardo Silvestrin. *É tudo invenção*.
São Paulo: Ática, 2016.

1. Esse poema:

    ☐ informa sobre a invenção das letras e das sílabas.

    ☐ informa sobre a origem do ponto de interrogação.

    ☐ trata da origem do ponto de interrogação de maneira divertida.

2. Releia esta frase do poema, que estava sem pontuação, escrita agora com pontuação.

    "Hoje você vai à festa?"

    a) Qual foi o sinal de pontuação acrescentado?

    _____

    b) Qual é a intenção de uma pessoa ao falar essa frase para outra?

    _____

3. Há diferentes tipos de frase e de pontuação, utilizados de acordo com a intenção de quem fala ou escreve. Leia estas frases e numere-as de acordo com o quadro.

    1. Intenção de afirmar ou declarar: frase afirmativa com ponto.
    2. Intenção de perguntar: frase interrogativa com ponto de interrogação.
    3. Intenção de expressar uma emoção: frase exclamativa com ponto de exclamação.
    4. Intenção de negar: frase negativa com ponto.

    ☐ Vamos fazer uma viagem de férias neste ano?

    ☐ Vamos fazer uma viagem de férias neste ano!

    ☐ Neste ano, não vamos fazer uma viagem de férias.

    ☐ Vamos fazer uma viagem de férias neste ano.

A palavra ou o conjunto de palavras organizado e com sentido chama-se **frase**.
Há diversos tipos de frase. Elas podem ser classificadas de acordo com a intenção que indicam ao serem faladas ou escritas.

ATIVIDADES

1. Complete o quadro escrevendo o sinal de pontuação usado nas frases e o tipo de cada uma. Observe o exemplo.

Intenção	Frases	Pontuação	Classificação das frases
Perguntar algo.	— Vamos à festa hoje? — Quem fará o bolo?	Ponto de interrogação	Interrogativas
Afirmar algo.	— Vamos à festa hoje. — Podemos convidar os colegas de classe.	_____	_____
Negar algo.	— Não vamos à festa hoje. — Não estou bem de saúde. — Ninguém irá à festa.	_____	_____
Expressar emoção diante de um fato.	— Vamos à festa hoje! — Oba! Vamos nos divertir bastante!	_____	_____

2. Leia estas frases e marque com um **X** as respostas corretas.

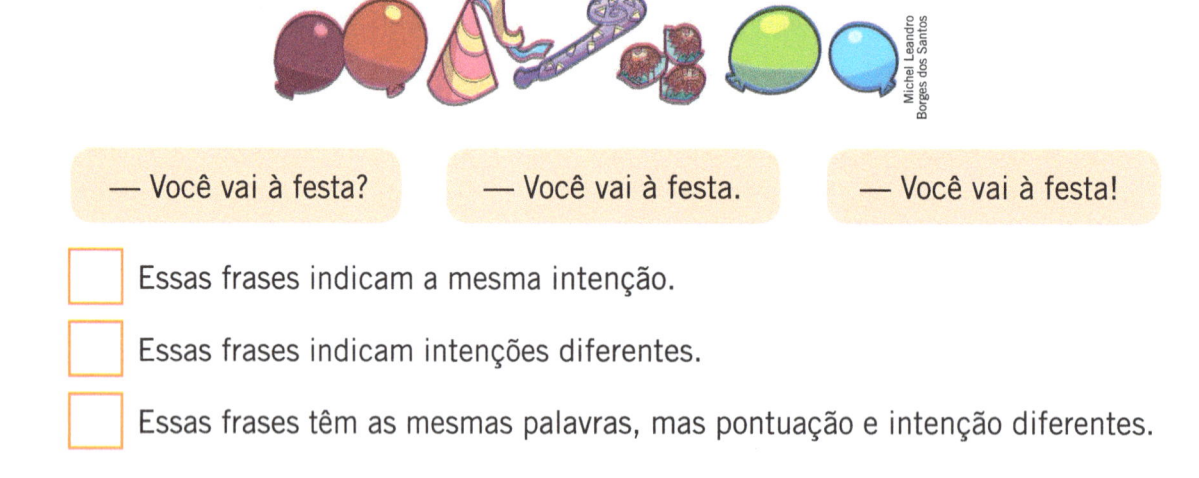

— Você vai à festa?   — Você vai à festa.   — Você vai à festa!

☐ Essas frases indicam a mesma intenção.

☐ Essas frases indicam intenções diferentes.

☐ Essas frases têm as mesmas palavras, mas pontuação e intenção diferentes.

CONCLUA!

A pontuação na escrita indica:

☐ somente que a frase terminou.   ☐ diferentes intenções de quem fala.

3. Leia em voz alta estas duas frases, observando a pontuação, e assinale as alternativas corretas.

— Você precisaria estudar hoje.

— Hoje você precisa estudar!

☐ Essas frases indicam a mesma intenção.

☐ Essas frases indicam diferentes intenções.

☐ A primeira frase expressa uma afirmação.

☐ A segunda frase expressa uma ordem ou um conselho.

4. A frase que expressa uma ordem, um conselho ou um convite a alguém é chamada de **frase imperativa**.

   a) Assinale as frases abaixo que expressam ou indicam ordem ou conselho.

   ☐ Escreva com mais cuidado.   ☐ Não mexa!
   ☐ Queria comprar uma bicicleta.   ☐ Apresse-se!
   ☐ Saia daqui!   ☐ Acho melhor você se apressar.

   b) Quais são os pontos usados nas frases imperativas?

   ☐ Ponto.   ☐ Ponto de exclamação.   ☐ Ponto de interrogação.

5. Leia e classifique as frases de acordo com a intenção e os sinais de pontuação.

   — Você não vai à festa hoje?   — Não seja apressado!

   ☐ Interrogativa.   ☐ Negativa.
   ☐ Negativa.   ☐ Imperativa.

CONCLUA!

Uma mesma _____ pode apresentar mais de uma classificação.

6. Indique o tipo de cada frase de acordo com a intenção e os sinais de pontuação.

> 1. frase afirmativa
> 2. frase interrogativa
> 3. frase exclamativa
> 4. frase imperativa
> 5. frase negativa

☐ A festa do Círio de Nazaré realiza-se em Belém, no Pará.

☐ A festa do Divino, no estado de São Paulo, é um espetáculo maravilhoso!

☐ Não conheço a dança do siriri, típica do estado do Mato Grosso.

☐ Venha participar das festividades do bumba meu boi no Maranhão.

☐ Você sabia que o maracatu é uma dança típica do estado de Pernambuco?

7. Ligue os verbos da coluna 1 às palavras da coluna 2 e forme frases imperativas.

Coluna 1	Coluna 2
Visite	para obter mais informações sobre Florianópolis.
Conheça	sua passagem com antecedência.
Compre	a fauna e a flora do Pantanal.
Telefone	um mapa da Bahia e boa viagem!
Peguem	Foz do Iguaçu nestas férias.
Não destrua	as belas praias de Santa Catarina.

8. Leia estas frases. Marque com um **X** a intenção que cada uma indica.

Você conhece a Festa do Senhor do Bonfim?

☐ Afirmar.   ☐ Expressar admiração.   ☐ Perguntar.

Onde ela acontece?

☐ Aconselhar.   ☐ Perguntar.   ☐ Dar uma ordem.

Ela acontece em Salvador, na Bahia. É muito bonita.

☐ Afirmar.   ☐ Dar uma ordem.   ☐ Aconselhar.

Oba! Quero participar dessa festa!

☐ Afirmar.   ☐ Expressar alegria.   ☐ Perguntar.

Antes, estude o significado dela!

☐ Afirmar.   ☐ Expressar alegria.   ☐ Aconselhar.

PARA ESCREVER MELHOR
ORTOGRAFIA: **GUA**, **QUA**, **QUO**

Leia a piada abaixo.

A professora distribui as notas da prova escrita:
— Luís, dez. Pedro, oito. Zezinho, zero...
— Professora, por que você me deu zero?
— Porque você colou a prova do Pedro.
— E como você sabe?
— Porque todas as respostas estão iguais, menos a última, em que o Pedro respondeu: "Esta eu não sei", e você escreveu: "Nem eu".

Aníbal Litvin. *Piadas de escola*. Cotia: Vergara & Riba Editoras, 2008. Adaptado.

1. Leia em voz alta esta palavra do texto e observe as letras destacadas.

   ig**u**ais

   a) Nessa palavra, a letra **u** no grupo **gu**:

   ☐ é pronunciada.   ☐ não é pronunciada.

   b) Marque com um **X** as palavras em que a letra **u** nos grupos **gu** e **qu** é pronunciada.

   ☐ língua   ☐ longínquo   ☐ oblíquo   ☐ água
   ☐ guindaste   ☐ aquilo   ☐ quadro   ☐ quente

   c) Circule as vogais que aparecem depois dos grupos **gu** e **qu** quando a letra **u** é pronunciada.

CONCLUA!

A letra **u**, nos grupos **gu** e **qu**, é pronunciada antes das vogais _____.

2. Há no quadro uma palavra "intrusa". Circule-a com lápis colorido.

   qualidade • querida • aquarela • aquário • quadragésimo

   ◆ Por que essa palavra é "intrusa"?

   _____

3. Complete as palavras usando **gua**. Depois, escreva as palavras formadas.

gua	_____rdar	
	ré_____	
	é_____	
	_____rita	

◆ Nessas palavras, a letra **u**:

☐ é pronunciada.   ☐ não é pronunciada.

4. Unindo os círculos de mesma cor, forme palavras com **qua**, **gua** e **quo**.

gual   qua   te   quá   ci   quo   ti   quo
  a   qua   ni   i   tro   ná   ra
co   ra   gua   so   a   en   gua   dro

_____   _____

_____   _____

_____   _____

5. Complete as frases com as palavras do quadro.

qual • quais • quanto • quando

_____ custa este livro?

_____ vai ser o encontro na biblioteca?

Em _____ casa vamos nos encontrar?

_____ são os trabalhos que devemos entregar amanhã?

◆ Nas palavras que você escreveu, a letra **u**:

☐ é pronunciada.   ☐ não é pronunciada.

EURECA!

Decifra-me!

Tente ler o que está escrito neste papel.

VOCÊ ESTÁ CONSEGUINDO DECIFRAR ESTE CÓDIGO? CONSEGUIU LER ATÉ AQUI? PARABÉNS! LEVANTE A MÃO E AVISE QUE COMPLETOU O DESAFIO.

10 DIVISÃO DE FRASES

Leia este trecho de um texto.

Nas terras que meu avô teve, onde vivi pouco tempo, o dia começava ainda sem a luz do sol. Quatro horas da madrugada e todos já estavam de pé. Tomavam café com rapadura e partiam para o **eito**. Às nove horas da manhã almoçavam. Vinham até a casa do avô para encher a pança. Estavam derrubando as matas pra fazer lenha, pastagem ou plantação. Começava aí o fim das matas do rio Doce.

Ziraldo. *Os meninos morenos*. São Paulo: Melhoramentos, 2005.

Eito: plantação.

1. Textos que se iniciam desse modo têm a finalidade de:

    ☐ dar uma notícia sobre a vida de um menino.

    ☐ recuperar lembranças do passado.

    ☐ informar sobre uma plantação de café.

2. Releia o trecho do texto e circule os pontos.

    ◆ Para que servem os pontos empregados nesse trecho?

    _____

3. Ligue os trechos de cada coluna para formar frases. Observe as iniciais maiúsculas e a pontuação utilizada.

    Todos os meninos de minha infância   gato não é de ninguém, gato é da casa.

    A gente tinha um gato, mas – como   tiveram seu bicho de estimação.
    dizia minha mãe –

    Ziraldo. *Os meninos morenos*. São Paulo: Melhoramentos, 2005.

92

ATIVIDADES

1. Leia e compare os dois textos a seguir.

Texto 1

o narrador viveu pouco tempo na fazenda do avô lá o café da manhã era antes do dia amanhecer os empregados almoçavam às 9 horas da manhã porque se levantavam muito cedo estavam trabalhando na derrubada de árvores para plantar café

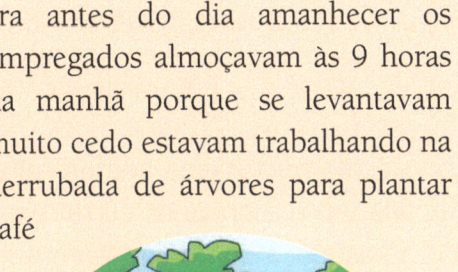

Texto 2

O narrador viveu pouco tempo na fazenda do avô. Lá, o café da manhã era antes do dia amanhecer. Os empregados almoçavam às 9 horas da manhã porque se levantavam muito cedo. Estavam trabalhando na derrubada de árvores para plantar café.

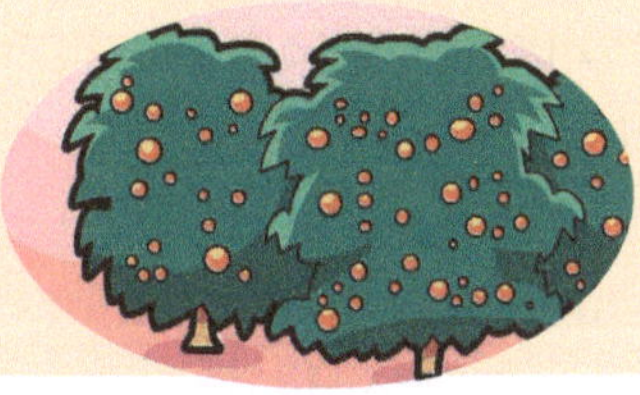

a) Marque com um **X** as respostas corretas.

☐ Não há diferenças entre os dois textos.

☐ Em um dos textos, não há pontuação.

☐ Em um dos textos, não foram usadas as letras iniciais maiúsculas.

b) O texto mais fácil de entender foi o:

☐ texto 1. ☐ texto 2.

CONCLUA!

A pontuação:

☐ nos ajuda a entender o texto.

☐ não faz diferença para o entendimento do texto.

2. No trecho abaixo, as frases não foram pontuadas. Leia-o e observe onde começa e onde termina cada frase. Faça uma barra (/) para separá-las e pinte as letras que devem ser escritas com inicial maiúscula.

> Tem gente que tem amigo grande tem gente que tem amigo pequeno o amigo, às vezes, mora bem longe ou bem ali ao seu lado há ainda aquele amigo que nasce e vive na sua imaginação [...]
>
> Katia Calsavara. *Folha de S.Paulo*, Folhinha, 16 de fevereiro de 2008.

a) Coloque no texto os pontos que faltam.

b) Esse trecho tem:
   ☐ 2 frases.   ☐ 4 frases.   ☐ 3 frases.

3. No trecho a seguir, alguns ditados populares estão misturados porque falta pontuação. Descubra onde começa e termina cada um e escreva-os corretamente. Use o ponto para finalizar cada frase e não se esqueça de iniciá-las com letra maiúscula.

> a união faz a força amor com amor se paga cada macaco no seu galho cão que late não morde devagar se vai ao longe quem canta seus males espanta

PARA ESCREVER MELHOR
ORTOGRAFIA: GUE – QUE, GUI – QUI

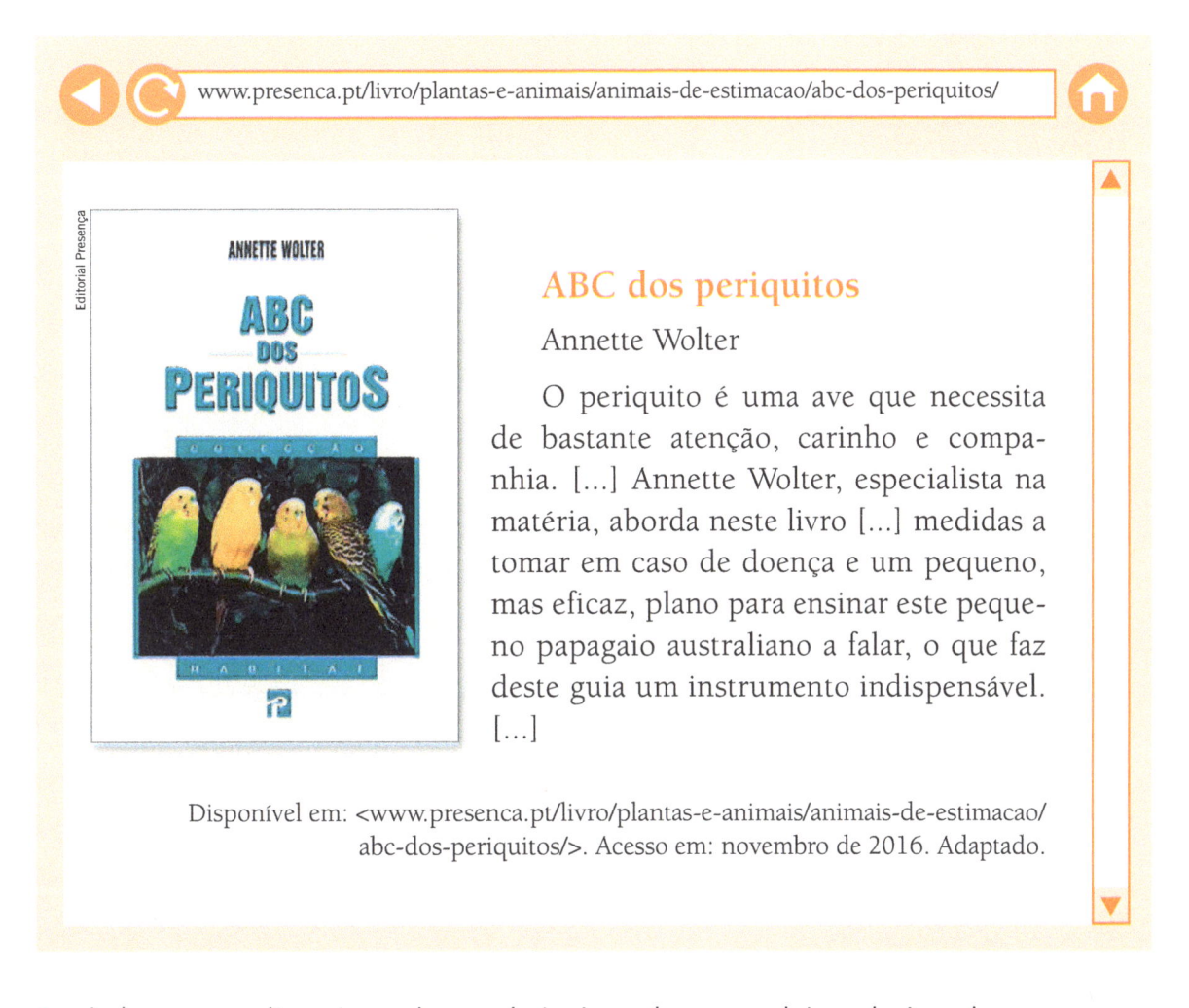

www.presenca.pt/livro/plantas-e-animais/animais-de-estimacao/abc-dos-periquitos/

ABC dos periquitos
Annette Wolter

O periquito é uma ave que necessita de bastante atenção, carinho e companhia. [...] Annette Wolter, especialista na matéria, aborda neste livro [...] medidas a tomar em caso de doença e um pequeno, mas eficaz, plano para ensinar este pequeno papagaio australiano a falar, o que faz deste guia um instrumento indispensável. [...]

Disponível em: <www.presenca.pt/livro/plantas-e-animais/animais-de-estimacao/abc-dos-periquitos/>. Acesso em: novembro de 2016. Adaptado.

1. Leia em voz alta estas palavras do texto e observe as letras destacadas.

periquito • pequeno • guia

a) Nessas palavras, a letra **u** nos grupos **qu** e **gu**:

☐ é pronunciada.

☐ não é pronunciada.

b) Marque com um **X** as palavras em que isso também acontece com a letra **u**.

☐ pequenina ☐ querida ☐ cinquenta

☐ tranquilo ☐ foguete ☐ queijo

95

2. Desembaralhe as sílabas e descubra o nome dos animais representados nas fotografias. Depois, escreva-o no quadro.

LOESQUI	GUEJE	ÇAPREGUI

JOCAGUERAN	XINGUECALÊ	PARGUEDO

3. Complete as palavras com a sílaba que falta. Depois, marque com um **X** a sílaba que você usou e escreva as palavras completas.

	que	qui	gue	gui	Palavra
brin____do					
e____pamento					
par____					
ar____pélago					
açou____					
en____çar					

a) Pinte as sílabas **gue**, **gui**, **que** e **qui** das palavras que você escreveu.

b) Quais são as vogais que aparecem depois da letra **u**?

_____

CONCLUA!

Nessas palavras com os grupos **qu** e **gu**:

☐ o **u** é pronunciado antes das vogais **e**, **i**.

☐ o **u** não é pronunciado antes das vogais **e**, **i**.

4. Agora, leia em voz alta estas palavras.

> aguentar • linguiça • sequência • tranquilo

◆ Nessas palavras:

☐ a letra **u** é pronunciada.   ☐ a letra **u** não é pronunciada.

5. Leia as palavras do quadro em voz alta e assinale o que é correto.

	A letra **u** é pronunciada	A letra **u** não é pronunciada
cinquenta		
frequente		
bosque		
guidão		
guitarra		
pinguim		

CONCLUA!

Nos grupos **qu** e **gu**, a letra **u**:

☐ nunca é pronunciada.

☐ sempre é pronunciada.

☐ às vezes é pronunciada, às vezes não é pronunciada.

6. Leia estas palavras em voz alta. Depois, escreva-as no quadro correto.

aguentei • chique • consequência • frequência • preguiçoso • sangue

A letra **u** não é pronunciada	A letra **u** é pronunciada
_____	_____
_____	_____
_____	_____

7. Ordene as sílabas e junte-as para formar palavras. Depois, escreva-as na tela do computador correto.

tar – a – guen   qui – ar – vo   fre – te – quen
guém – nin   ça – lin – gui   pes – sas – qui
ques – ná – rio – ti – o   nhen – qui – tos   ta – cin – quen

Nestas palavras, o **u** é pronunciado nos grupos **gu** e **qu**.

Nestas palavras, o **u** não é pronunciado nos grupos **gu** e **qu**.

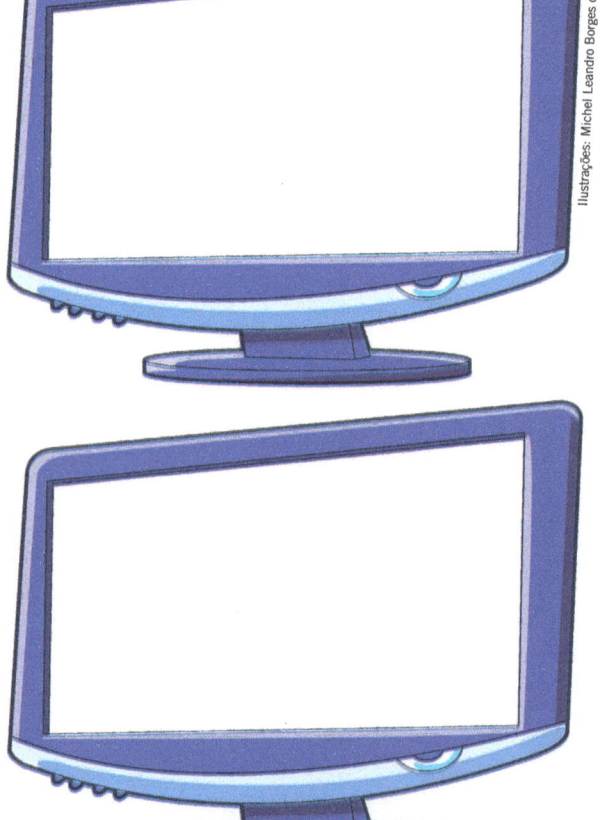

EURECA!

Pegue a intrusa!

◆ As letras de cada grupo abaixo são as iniciais de sequências conhecidas. Descubra quais são essas sequências e a letra intrusa de cada grupo.

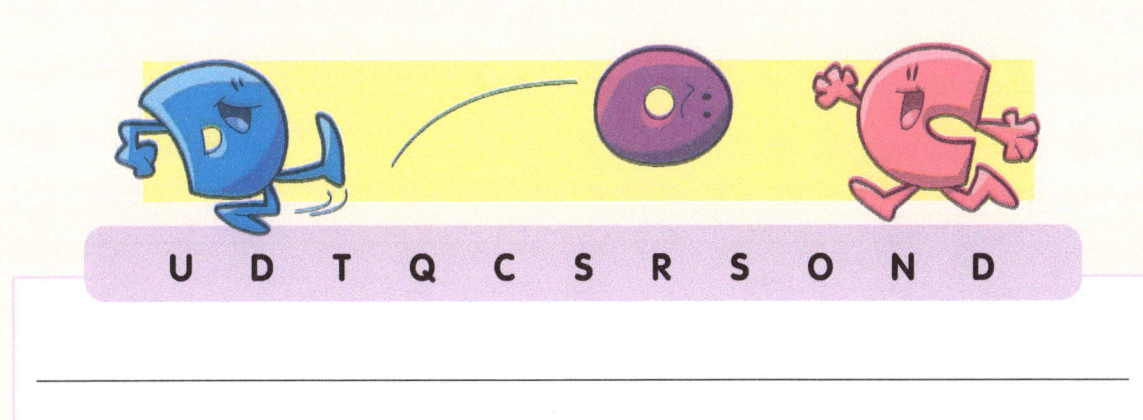

S T Q R Q S S D

_____
_____

J F M A M R J J A S O N D

_____
_____

U D T Q C S R S O N D

_____
_____

99

11 SINAIS DE PONTUAÇÃO

Leia o início desta narrativa.

O trenzinho sumido

Nessa noite, o Toinho chegou pro pai e pediu:
— Me conta uma lembrança!
O pai achou estranho e quis saber:
— Você quer dizer... que é pra eu contar uma história pra você?
— História, não! — zangou-se Toinho, que não é nada paciente com essa gente grande que nunca entende o que ele fala. — Tem de ser uma lembrança! Que nem o vovô faz. Quando ele começa a contar e diz: "Olha que isso não é história, não! É coisa que eu lembro, lá da minha terra!" E aí é muito mais legal!

Luiz Antonio Aguiar. *Histórias duendais*.
São Paulo: Formato, 2008.

1. O trecho da narrativa apresenta:

   ☐ uma lenda.　　　　☐ uma fábula.

   ☐ uma história.　　　☐ uma brincadeira.

2. Releia o texto e encontre uma frase que:

   a) indique a intenção de perguntar.

   _____

   _____

   b) expresse emoção.

   _____

◆ Que sinais de pontuação foram usados com as intenções de perguntar e expressar emoção?

_____

3. Releia este trecho e observe outros sinais de pontuação usados.

> Nessa noite, o Toinho chegou pro pai e pediu:
> — Me conta uma lembrança!

a) Qual é o sinal de pontuação usado depois da expressão **Nessa noite**?

_____

b) Quais são os sinais de pontuação usados no final da primeira frase e no início da segunda frase?

_____

c) Marque com um **X** as afirmações corretas.

☐ Os dois-pontos e o travessão indicam a separação das frases.

☐ Os dois-pontos indicam a introdução da fala do personagem.

☐ O travessão indica a fala do personagem.

4. A vírgula pode ser usada também de outras maneiras. Leia.

> Toinho gosta de ouvir história contadas pelo avô, pai, primos.

a) Nessa frase, as vírgulas separam as palavras _____.

b) Nesse caso, as vírgulas separam:

☐ uma expressão.   ☐ uma enumeração de palavras.

5. Além desses sinais de pontuação, existem outros. Releia esta fala do texto.

> "Olha que isso não é história, não! É coisa que eu lembro, lá da minha terra!"

a) Quem diz essa fala?

_____

b) Para indicar essa fala, que sinal de pontuação foi empregado?

☐ O ponto de exclamação.

☐ As aspas.

☐ O travessão.

◆ Na escrita, a pontuação indica a intenção de quem escreve e também orienta o leitor em sua leitura. Observe.

Intenção	Frases	Sinal de pontuação
Indicar ao leitor uma pausa na leitura, separando palavras ou expressões.	Nessa noite, o Toinho chegou pro pai e pediu:	vírgula
Indicar a fala de um personagem.	— Me conta uma lembrança!	travessão
Indicar a introdução de uma fala.	O pai achou estranho e quis saber:	dois-pontos
Destacar ou reproduzir palavras, expressões ou frases.	"Olha que isso não é história, não!" O título da história é "O trenzinho sumido". "A união faz a força" é um provérbio muito conhecido.	aspas

ATIVIDADES

1. Você conhece a história *O Gato de Botas*? Leia este trecho e pinte os sinais de pontuação usados.

> O pai disse:
> — Tenho pouco para deixar a vocês: o moinho, um burro, nosso gato malhado e nada mais. Dividam essa herança entre vocês três.
> Então, o pai fechou os olhos e disse: "Adeus!".
>
> Charles Perrault. Domínio público.

CONCLUA!

Os sinais de pontuação:

☐ não modificam o sentido de um texto.

☐ ajudam o leitor a compreender o sentido de um texto.

☐ orientam a leitura, indicando pausas, falas, enumerações, etc.

☐ apenas indicam o final das frases.

2. Observe a cena e escreva uma frase sobre ela usando os dois-pontos.
   Dica: enumere os sabores de sorvete.

_____

_____

3. Leia o trecho desta história e coloque os sinais de pontuação adequados a cada frase.

[...] As crianças brincavam, animadas, quando a mãe de Fernando chegou com uma caixa
　　　Veja meu filho um presente para você
　　　O que será que tem aí dentro   Estou curioso
Vou tirar a tampa e... soldadinhos de chumbo
　　　[...]
Todos os soldadinhos foram postos no parapeito da janela e cantavam em fila
　　　Marcha soldado
　　　Cabeça de papel
　　　Quem não marchar direito
　　　Vai preso pro quartel.
　　　De repente começou a chover A vidraça se abre e um pé de vento atira nosso soldadinho de chumbo para fora [...]

Soldadinho de Chumbo. In: Hans Christian Andersen. *Joias da literatura infantil universal*. Adaptação de Maria Amélia de Carvalho. São Paulo: Três, s.d.

4. Leia as frases dos balões e coloque os sinais de pontuação.

AONDE VOCÊ VAI TÃO CEDO

VOU À CASA DA VOVÓ

E O QUE VOCÊ LEVA NESSA CESTINHA

UM BOLO FRUTAS E UMA GARRAFA DE SUCO

a) Que sinais de pontuação foram usados nas falas dos balões?

☐ ponto de exclamação ☐ aspas ☐ travessão

☐ vírgula ☐ ponto ☐ ponto de interrogação

b) Por que no diálogo que está nos balões não foi usado o travessão?

_____

_____

5. Leia o texto e coloque os sinais de pontuação que faltam.

Era uma vez, numa terra distante, três moças bonitas, órfãs de pai e mãe

Conversavam na sacada de sua casa, quando uma delas, de nome Clementina, exclamou

Olhem, lá vem o Rei O Rei vem vindo

Muito animadas, as três falam alto na sacada:

Se eu me casasse com o Rei, linda camisa lhe faria, diz Manuela.

Eu não, diz Clementina, se eu me casasse com o Rei, uma calça lhe faria como nunca se viu igual.

Pois eu, diz Rafaela, se me casasse com ele, lhe daria três lindos filhos com coroas nos cabelos.

O Rei que passava, tudo ouviu

Márcia Batista. *Procurando assombração e outras histórias.*
São Paulo: Formato, 2012.

◆ Que sinais de pontuação estavam faltando no texto?

☐ vírgula ☐ ponto ☐ aspas

☐ ponto de exclamação ☐ dois-pontos ☐ travessão

PARA ESCREVER MELHOR
ORTOGRAFIA: L – LH

Leia esta parlenda e observe as palavras destacadas.

A **galinha** pintadinha e o galo carijó
A galinha veste saia e o galo paletó
A galinha ficou doente e o galo nem notou
O pintinho inteligente foi chamar o seu doutor
O doutor era o peru, a enfermeira era o tatu
A **agulha** da injeção era a pena do pavão.

Parlenda popular.

1. Observe e compare: qual é a diferença entre as letras destacadas nestas palavras do texto?

galinha • agulha

a) Em **galinha**, temos a sílaba _____ e, em **agulha**, temos o dígrafo _____.

b) Marque 1 para palavras escritas com **li** e 2 para palavras com **lh**.

☐ família   ☐ matilha

☐ folia   ☐ folha

2. Forme palavras juntando as sílabas de cada quadro.
   Atenção! Uma das sílabas não pertence à palavra e ficará sobrando.

   DÁ – LIA – LHA – SAN
   _____

   LHA – LIA – ÇO – PA
   _____

   MÍ – LIA – LHA – FA
   _____

   SO – CE – LIA – LHA – BRAN
   _____

3. Escreva na cruzadinha a resposta das frases do quadro. Se não souber alguma, peça ajuda a um colega ou ao professor.

   1. Sinônimo de buquê.
   2. Pessoa que fabrica joias.
   3. Coletivo de cães.
   4. Coletivo de pés de milho.
   5. Órgão da audição.

◆ As palavras que você encontrou são escritas com:

☐ lh.   ☐ l.

107

4. Leia a descrição das crianças e escreva o nome de cada uma no quadro correspondente.

> Natália tem cabelos pretos e encaracolados.
> Hélio não usa óculos, tem cabelos e olhos castanhos.
> Júlio tem olhos e cabelos pretos.
> Emília tem cabelos curtos loiros e olhos castanhos.

◆ Os nomes dessas crianças escrevem-se com:

☐ lh.   ☐ l.

5. Leia estas palavras e circule o dígrafo **lh**. Em seguida, forme outras palavras trocando o **lh** por **l**.

molha _____   cavalheiro _____

filha _____   galho _____

malha _____   velha _____

◆ Agora, complete as frases com alguns dos pares que você formou. Veja o exemplo.

Se você ___molha___ a ___mola___, ela enferruja.

Esse _____ é um verdadeiro _____.

Ponha esta _____ na _____.

A _____ senhora acendeu uma _____.

EURECA!

Mistééério...

Você é o detetive! Leia o texto, observe a imagem e desvende o mistério da mansão.

O inspetor Arruda foi chamado à mansão de 1000 quartos, do milionário Tutu He Poko. Iria investigar um roubo que lá acontecera. Disse o milionário a ele, quando chegou:
— Não vi o ladrão, que entrou pela lareira. A mesma estava sem fogo na hora. Ele me agrediu por trás e levou meu famoso quadro, Mone e Elisa. Agora o seguro vai ter que me pagar 10 milhões de dólares, sem apelação!
Então lhe perguntou o inspetor:
— O senhor acende a lareira todos os dias?
— Sim, sem exceção!
Depois de analisar profundamente a cena do crime, o inspetor descobriu que o milionário era o culpado.
Ele havia forjado o roubo para embolsar o dinheiro do seguro.

Alberto Filho. Disponível em: <http://sitededicas.uol.com.br/promocao_enigma.htm>.
Acesso em: outubro de 2016.

Por que o inspetor tem tanta certeza da culpa do milionário Tutu He Poko?

12 SUBSTANTIVOS

Leia esta história e observe como o autor usa apenas algumas palavras para contá-la.

OS ANIMAIS E SEUS ALIMENTOS

SAPO — INSETOS

RINOCERONTE — ARBUSTOS

VACA — GRAMA

COBRA — PEQUENOS MAMÍFEROS

TUCANO — FRUTAS

CACHORRO — POLTRONA

Adão Iturrusgarai. *Folha de S.Paulo*, Folhinha, 26/10/2004.

1. O texto que você leu é uma tira, uma história em quadrinhos curta, que tem a finalidade de:

   ☐ explicar um fato.
   ☐ divertir o leitor.
   ☐ ensinar uma brincadeira.
   ☐ contar uma história.

2. Observe estas palavras da tira.

   sapo – insetos • vaca – grama • tucano – frutas • cobra – mamíferos

   a) Essas palavras dão nome a:

   ☐ animais e seus alimentos.
   ☐ animais e suas espécies.
   ☐ animais e seus ambientes.

b) Agora, leia o exemplo e complete as frases abaixo.

> **O** sapo come **os** insetos.

_____ cobras comem pequenos mamíferos.

_____ tucanos comem frutas.

_____ vaca gosta de grama.

_____ cachorros gostam de roer um belo osso.

_____ cabras gostam de comer arbustos.

> As palavras que dão nome aos seres são chamadas **substantivos**. Veja outros exemplos de substantivos.
> - **nomes de lugares:** Terra, Brasil, Brasília, etc.
> - **nomes de pessoas:** Adão, Monteiro Lobato, etc.
> - **nomes de animais:** sapo, tucano, rinoceronte, etc.
> - **nomes de coisas:** arbusto, grama, fruta, poltrona, etc.
> - **nomes de sentimentos:** tristeza, alegria, amor, etc.
>
> Geralmente, o substantivo é precedido das palavras **o, a, os, as** e **um, uma, uns, umas**.

3. Leia o exemplo e observe os substantivos destacados. Depois, complete as frases.

> O cartunista **Adão** Iturrusgarai criou uma tira sobre o **sapo** e seu alimento.

O substantivo **Adão** dá nome a uma _____ e é chamado substantivo próprio.

O substantivo _____ dá nome a um ser entre outros que existem e é chamado substantivo comum.

4. Leia o exemplo e complete as frases.

> Algumas aves voam em **bando**.

O substantivo **bando**, chamado substantivo coletivo, indica um conjunto

de _____.

O substantivo coletivo **rebanho** indica um _____ de vacas.

5. Compare os substantivos destacados. Depois, complete as frases.

> O **cachorro** é um animal doméstico.
> O **cachorro-vinagre** é um animal selvagem.

Cachorro é um substantivo simples, porque

é formado por uma _____ palavra.

Cachorro-vinagre.

Cachorro-vinagre é um substantivo composto porque é formado por mais de

uma _____.

Há vários tipos de substantivo. Veja alguns deles.

Substantivos próprios e substantivos comuns

Os substantivos próprios dão nome a um único ser ou elemento entre outros da mesma categoria. Exemplos: Adão, Helena, Maria, Otávio.

Os substantivos próprios, geralmente, dão nome a pessoas, lugares, livros, revistas e são escritos com letra inicial maiúscula.

Os substantivos comuns dão nome a qualquer um dos seres ou elementos de qualquer categoria. Exemplos: sapo, vaca, tucano, gato.

Substantivos simples e substantivos compostos

Os substantivos simples são formados por uma única palavra. Exemplos: sapo, cachorro, tucano.

Os substantivos compostos são formados por mais de uma palavra. Exemplos: sapo-cururu, cachorro-vinagre, tucano-de-bico-verde.

Substantivos coletivos

Os substantivos coletivos indicam um conjunto de seres ou elementos da mesma categoria. Exemplos: bando, rebanho.

Agora, observe o quadro a seguir e conheça outros exemplos de substantivos coletivos.

abelha – enxame, colmeia
aluno – classe
artista – companhia, elenco
astro – constelação
avião – esquadrão, esquadrilha, flotilha
boi – boiada, rebanho, tropa
caminhão – frota
cão – matilha
carneiro – rebanho
chave – molho, penca
elefante – manada
estrela – constelação
filhote – ninhada (quando nascidos de uma só vez)
filme – filmoteca, cinemateca
flor – ramalhete (quando agrupadas), buquê

gafanhoto – nuvem
garoto – bando
habitante – população
ilha – arquipélago
índio – tribo (quando em nação)
livro – pilha, biblioteca (quando heterogêneos), catálogo (quando reunidos para venda)
montanha – cadeia, cordilheira
músico – banda, orquestra
navio – frota
peixe – cardume (em geral e quando na água)
pessoa – aglomeração (em geral), multidão
serra – cordilheira

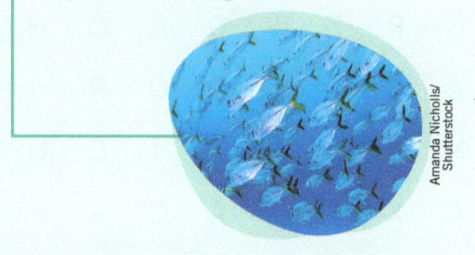

6. Ligue as colunas.

molho	estrela
elenco	chave
arquipélago	artista
constelação	ilha
população	habitante

113

ATIVIDADES

1. Leia as frases e observe os substantivos destacados. Marque as opções corretas.

	próprio	comum	simples	composto
A **Amazônia** se localiza no norte do **Brasil**.				
Um **cachorro** não pode comer **poltronas**.				
A **onça-pintada** e o **gavião-real** correm risco de extinção.				

2. Siga o caminho e encontre alguns substantivos compostos e escreva-os no quadro.

B	P	Z	W	C	A	C	H	O	R	R	O	–	Q	U	E	N	T	E
A	E	C	L	P	O	R	C	O	–	E	S	P	I	N	H	O	K	H
N	I	A	A	N	J	C	O	U	V	E	–	F	L	O	R	W	F	U
A	X	R	T	Ã	O	–	P	O	S	T	A	L	K	D	U	B	I	J
N	E	–	B	O	I	Z	M	A	N	G	A	–	R	O	S	A	G	W
A	–	M	A	Ç	Ã	Ç	A	L	T	O	–	F	A	L	A	N	T	E

alimentos	
animais	
frutas	
objetos	

3. Una as sílabas de mesma cor e escreva os coletivos dos substantivos abaixo.

BA CONS NHO NA LA RA RE ÇÃO FAU FLO TE

estrelas _____   animais de uma região _____

ovelhas _____   plantas de uma região _____

◆ Agora, complete as frases com os coletivos que você escreveu.

Vamos proteger a _____ e a _____ do Brasil!

O Cruzeiro do Sul é uma _____ que só pode ser vista nos países do hemisfério sul da Terra.

O _____ pastava tranquilamente na colina.

4. Para cada substantivo comum, escreva um substantivo próprio correspondente. Veja o exemplo.

Comum	criança	escola	revista	cidade
Próprio	Francisco			

5. Leia o texto sobre os golfinhos, mamíferos aquáticos, e complete-o com os substantivos do quadro.

boto-cinza
embarcações
Brasil
viagem
golfinhos

Em alto-mar, os _____ aproveitam o embalo de grandes _____ para economizar energia durante a _____.

[...] As espécies mais comuns a serem vistas acompanhando barcos no _____ são justamente as mais afetadas pelo turismo náutico, o golfinho-rotador e o _____. [...]

Revista *Mundo Estranho*. Disponível em: <http://mundoestranho.abril.com.br/materia/por-que-golfinhos-seguem-embarcacoes>. Acesso em: novembro de 2016.

◆ Você completou o texto com:

☐ substantivos comuns.   ☐ substantivo próprio.

☐ substantivos simples.   ☐ substantivo composto.

PARA ESCREVER MELHOR
SINÔNIMOS E ANTÔNIMOS

Leia o texto deste pôster.

O MAIOR DE TODOS OS ERROS É NÃO FAZER NADA POR ACHAR QUE SE FAZ POUCO.

FAÇA TUDO O QUE PUDER
— SYDNEY SMITH

Save our Planet

1. Releia.

   > O maior de todos os erros é não fazer nada [...]
   > Faça tudo o que puder.

   a) Nessas duas frases, circule as palavras que têm sentido oposto.

   b) As palavras que têm sentido oposto são chamadas:
      ☐ sinônimos.   ☐ antônimos.

2. Leia agora este trecho de uma cantiga.

   > Olha a rosa amarela, Rosa
   > Tão formosa, tão bela, Rosa
   > Olha a rosa amarela, Rosa
   > Tão formosa, tão bela, Rosa.
   >
   > Cantiga popular.

   a) Circule no trecho duas palavras com sentido semelhante.

   b) As palavras que têm sentidos semelhantes são chamadas:
      ☐ sinônimos.   ☐ antônimos.

116

3. Leia esta cantiga e responda à pergunta.

Faz três noites que eu não durmo
Lá lá
Pois perdi o meu galinho
Lá lá
Coitadinho lá lá,
Pobrezinho lá lá
Ele faz quiriquiqui.

Cantiga popular.

◆ Nesse texto, as palavras destacadas são sinônimas ou antônimas entre si? Por quê?

_____

_____

4. Leia os provérbios e observe as palavras destacadas. Em seguida, procure no diagrama palavras que completem esses provérbios e escreva-as.

Trabalho feito de **noite** de _____ aparece.

Quem **tudo** quer _____ tem.

Quem ama o **feio** _____ lhe parece.

Longe dos olhos, mas _____ do coração.

X	D	I	B	N	T	W
B	G	N	O	V	Y	S
O	Q	I	N	A	D	A
D	X	D	I	A	W	I
P	E	R	T	O	E	R
I	R	K	O	R	É	T

◆ As palavras que você escreveu são:

☐ sinônimos das palavras destacadas.

☐ antônimos das palavras destacadas.

5. Leia as frases e assinale o melhor sinônimo para substituir as palavras destacadas.

Um bando de macacos vinha **saltando** de galho em galho.

☐ correndo ☐ pulando ☐ brincando

Rápidos e ágeis, eles eram poucos, mas faziam bastante barulho.

☐ ligeiros ☐ lentos ☐ corajosos

O pelo deles brilhava com a luz do Sol, **tingindo** de dourado todo o fundo verde da mata.

☐ rasbicando ☐ pintando ☐ colorindo

De repente, todos **desapareceram** por entre as folhas.

☐ apareceram ☐ sumiram ☐ surgiram

6. Acrescente **des-**, **im-** ou **in-** às palavras destacadas e reescreva as expressões.

respeitar a fauna e a flora: _____

poluir os rios: _____

preservação **possível**: _____

animais **abrigados**: _____

solução **feliz**: _____

pessoas **pacientes**: _____

a) Para formar essas palavras, você:

☐ acrescentou uma terminação nas palavras.

☐ acrescentou **des-**, **im-**, **in-** na frente das palavras.

b) As palavras que você formou são:

☐ antônimas das palavras destacadas.

☐ sinônimas das palavras destacadas.

CONCLUA!

Podemos formar _____ acrescentando **des-**, **im-** ou **in-** ao _____ das palavras.

7. Leia as frases com atenção.

> Instituto de Biologia ajuda a preservar lobos-guarás.

> Sem alimento, animais encontram abrigo em centros de proteção.

> Hospital cuida de filhotes silvestres que perderam a mãe.

> Ararinha-azul é uma ave considerada extinta na natureza.

> Agressão à natureza: fogo destrói reserva florestal.

a) Encontre e circule nas frases acima o sinônimo das palavras ou expressões da coluna 1 abaixo. Depois, escreva na coluna 2 o que você encontrou.

Coluna 1	Coluna 2
Proteção, refúgio, amparo	
Ataque, dano	
Desaparecida, eliminada	
Conservar, defender, manter	
Selvagens; que vivem em matas, florestas e selvas	

b) Agora, utilize algumas das palavras ou expressões da coluna 1 ou o seu sinônimo da coluna 2 e crie uma frase.

_____

_____

DIVERTIDAMENTE

Os opostos se atraem?

◆ Com duas palavras, indique os opostos representados pelas figuras.

_____

_____

_____

_____

_____

REVISÃO

1. Complete as palavras usando **s**, **z**, **ç** ou **ss**.

   ri____ada   ____abido   belí____imo   bra____ileiro

   pregui____a   triste____a   man____a   oca____ião

   rique____a   injusti____a   cami____eta   pa____ado

   a) Escreva as palavras que têm o som /se/.

   _____

   b) Escreva as palavras que têm o som /ze/.

   _____

2. Leia estas frases em voz alta e ligue-as ao que indicam.

   — Vamos estudar logo?   afirmação

   — Vamos estudar logo.   pergunta

   — Vamos estudar logo!   ordem

3. Complete as frases, prestando atenção em seu sentido.
   Pista: as palavras que faltam são escritas com **que**, **qui**, **gue** ou **gui**.

   Todos os povos _____ a paz; ninguém quer a _____.

   Alguns cães são bons _____ para pessoas com deficiência visual.

   Sementes e castanhas são o principal alimento do _____.

4. Encontre no diagrama os substantivos a que os coletivos do quadro se referem.

   ramalhete
   bosque
   cardume
   multidão
   biblioteca

Q	F	L	O	R	E	S	B	O	T	S	U	N
L	Q	P	I	Á	R	V	O	R	E	S	R	I
G	J	Z	E	M	L	I	V	R	O	S	J	E
V	P	E	I	X	E	S	D	F	R	C	O	D
L	Q	Y	P	E	S	S	O	A	S	A	V	O

121

13 GÊNERO DO SUBSTANTIVO

Leia este trecho de uma narrativa.

Já é muito tarde, diz mamãe, não é mais hora de sair.
Ficou muito tarde, diz papai, saímos amanhã.
Mas eu quero ficar acordado até muito tarde, diz Ricardo.
Mas não pode ficar acordado até muito tarde, diz mamãe, muito tarde é escuro, diz papai, muito tarde faz frio, diz vovó, muito tarde fecha tudo, diz vovô.
E você ainda é muito pequeno para ficar acordado até muito tarde, disseram os quatro juntos.
[...]

Giovana Zoboli. *Muito tarde*. Rio de Janeiro: Zahar, 2013.

1. Que pessoas da família são citadas no texto?

   _____

   _____

2. Das palavras que você escreveu, quais são substantivos masculinos e quais são substantivos femininos?

   _____

   _____

3. Leia estas frases e observe como é indicado o gênero das palavras destacadas.

> **O texto** é muito bonito.
> **A família**, no texto, é composta de avós, filhos e netos.

a) Qual é o gênero do substantivo **texto**? _____

b) Qual é o gênero do substantivo **família**? _____

c) Nem todos os substantivos da língua portuguesa apresentam os dois gêneros.

◆ É possível formar o feminino do substantivo **texto**? _____

◆ Existe forma masculina para o substantivo **família**? _____

Na língua portuguesa, os substantivos podem ser do **gênero masculino** ou do **gênero feminino**.
Os substantivos do gênero masculino podem ser precedidos pelas palavras **o**, **os**, **um**, **uns**. Os substantivos do gênero feminino podem ser precedidos pelas palavras **a**, **as**, **uma**, **umas**.

4. Leia e compare estes substantivos, observando as letras destacadas.

> net**o** – net**a**   professor – professor**a**
> filh**o** – filh**a**   português – portugues**a**
> gat**o** – gat**a**   doutor – doutor**a**

◆ Formamos o feminino:

☐ trocando a terminação **-o** por **-a**.

☐ acrescentando a terminação **-to**.

☐ acrescentando a terminação **-a**.

123

5. A formação do feminino de alguns substantivos masculinos pode ocorrer de outras formas. Ligue o substantivo masculino ao seu feminino.

anão   irmã

galo   anã

irmão   leoa

patrão   patroa

leão   galinha

6. O feminino de alguns substantivos é formado de outra maneira. Escreva o feminino destes substantivos, como no exemplo.

pai _____mãe_____   boi _____

padrinho _____   bode _____

◆ De que maneira se formou o feminino?

_____

> Geralmente formamos o **feminino** trocando a terminação **-o** por **-a** ou acrescentando a terminação **-a**.
> Alguns substantivos têm palavras diferentes para o gênero masculino e para o gênero feminino.

7. Alguns nomes de animais têm apenas uma palavra para indicar o masculino e o feminino. Leia este trecho e observe os substantivos destacados.

> Quatro mil espécies (tipos) de **pernilongos**, com hábitos bem diferentes, voam pelos ares. [...] Para nutrir os ovos, que serão colocados na água, as **fêmeas** de algumas espécies precisam de sangue.
>
> Disponível em: <chc.cienciahoje.uol.com.br/dengue-a-batalha-contra-os-pernilongos/>.
> Acesso em: novembro de 2016.

◆ De que forma foi feita a referência ao substantivo **pernilongo** para indicar o sexo do animal?

☐ Trocou-se a terminação **-o** por **-a**.

☐ Foi usada uma palavra diferente.

☐ Foi usada a palavra **fêmea**.

8. Escreva o substantivo feminino para os substantivos destacados:

o **estudante** dedicado ⟶ a _____ dedicada

um bom **dentista** ⟶ uma boa _____

◆ Para formar o feminino:

☐ trocou-se a terminação **-o** por **-a** nos dois substantivos.

☐ o substantivo não mudou e serve para os dois gêneros.

☐ usou-se a mesma palavra, mudando-se apenas as que a acompanham.

☐ foi usada uma palavra diferente para cada substantivo.

9. Leia esta manchete e observe a palavra destacada.

> Cientistas podem prever a inteligência de uma **pessoa** a partir de sua atividade cerebral

Disponível em: <revistagalileu.globo.com/Ciencia/noticia/2015/10/cientistas-podem-prever-inteligencia-de-uma-pessoa-partir-de-sua-atividade-cerebral.html>. Acesso em: novembro de 2016.

a) Na frase, a quem a palavra **pessoa** se refere?

☐ A um homem.

☐ A uma mulher, pois **pessoa** é um substantivo do gênero feminino.

☐ Não dá para saber.

b) Marque com um **X** os substantivos em que isso também acontece.

☐ Um amigo.   ☐ Uma criança.

☐ O freguês.   ☐ A testemunha.

◆ Alguns nomes de animais têm apenas uma palavra para indicar o masculino e o feminino. Quando há necessidade de indicar o sexo de um animal em um texto, usamos as palavras **macho** e **fêmea**.

◆ Às vezes, um mesmo substantivo serve para o gênero masculino e para o gênero feminino; nesses casos, mudam apenas as palavras que o acompanham.

◆ Alguns substantivos indicam ao mesmo tempo o gênero masculino e o gênero feminino.

ATIVIDADES

1. Complete o quadro com a forma feminina dos substantivos indicados.

Masculino	Feminino
primo	
tio	
bisavô	
sogro	
cunhado	

a) Quais são os substantivos masculinos em que o feminino formou-se com a troca da vogal **-o** pela vogal **-a**?

_____

b) Qual é o substantivo masculino em que o feminino formou-se apenas com a mudança de acento e de pronúncia?

_____

2. Ligue o substantivo masculino ao seu feminino.

campeão	abelha
zangão	rainha
rei	juíza
juiz	campeã
cavalheiro	dama

126

3. Leia o texto a seguir e observe os substantivos em destaque.

As pernas compridas do **lobo-guará**, a cor avermelhada de seu **pelo** e também a crina escura que tem na **nuca** são as características principais desse que é o maior canídeo brasileiro.

[...] o lobo-guará estava sob séria **ameaça** de **extinção**, e em **cativeiro** as fêmeas costumavam comer os **filhotes**. Descobriu-se porém que na **natureza** a **loba** troca os filhotes de toca a cada três dias, para enganar os **predadores** [...].

Luiz Roberto de Souza Queiroz. *100 animais brasileiros*. São Paulo: Moderna/*O Estado de S. Paulo*, 1999.

a) Agora, escreva no quadro as palavras destacadas no texto, de acordo com o gênero.

Substantivos femininos	Substantivos masculinos

b) Antes dessas palavras, podemos usar:

☐ **a** ou **as** para as da primeira coluna e **o** ou **os** para as da segunda.

☐ **o** ou **os** para as da primeira coluna e **a** ou **as** para as da segunda.

☐ **a**, **as**, **o** e **os** para as palavras das duas colunas.

c) Releia este trecho e observe o substantivo destacado.

[...] em cativeiro as fêmeas costumavam comer os **filhotes**.

♦ Ao ler essa frase, podemos dizer que os filhotes:

☐ são machos.

☐ são fêmeas.

☐ podem ser tanto machos como fêmeas.

127

4. Escreva o feminino destes substantivos masculinos.

padrinho _____

compadre _____

ator _____

bode _____

carneiro _____

a) Agora, localize no diagrama as palavras que você escreveu.

V	L	A	F	C	O	M	A	D	R	E	T	S	I
I	H	T	E	P	V	J	F	S	N	Z	V	O	N
N	O	R	X	C	E	B	C	A	B	R	A	H	U
E	S	I	C	T	L	A	F	R	M	U	R	I	Z
G	U	Z	A	D	H	I	N	H	G	L	A	T	E
R	I	V	J	M	A	D	R	I	N	H	A	M	R

b) Nesses substantivos, o feminino formou-se:

☐ com a troca da vogal **-o** pela vogal **-a**.

☐ com o acréscimo da vogal **-a**.

☐ com uma palavra diferente.

CONCLUA!

Podemos formar o feminino de substantivos masculinos de diferentes maneiras: com a troca da vogal _____ pela vogal _____, com o acréscimo da vogal _____, com a ajuda de outra _____ ou com a troca por uma palavra _____.

5. Passe as frases para o feminino.

A **testemunha** era um senhor idoso.

_____

As **crianças** estavam cansadas.

_____

◆ Nas frases acima, os substantivos destacados:

☐ formam o feminino acrescentando a vogal **-a**.

☐ formam o feminino com uma palavra diferente.

☐ indicam, ao mesmo tempo, pessoas do sexo masculino e do sexo feminino.

Os **padrinhos** precisavam preparar-se para a festa.

_____

_____

Os **bois** estavam no pasto.

_____

_____

◆ Nessas duas frases, os substantivos destacados:

☐ formam o feminino trocando a vogal **-o** pela vogal **-a**.

☐ formam o feminino com palavra diferente.

☐ indicam, ao mesmo tempo, pessoas do sexo masculino e do sexo feminino.

CONCLUA!

Alguns substantivos:

☐ formam o feminino com uma palavra diferente.

☐ indicam, ao mesmo tempo, seres do sexo masculino e do sexo feminino.

PARA ESCREVER MELHOR
ORTOGRAFIA: L – U

Leia o cartaz.

1. Separe as sílabas destas palavras usadas no cartaz.

   soltar _____

   legal _____

   ambiental _____

   ◆ Nessas palavras, a letra l e as vogais destacadas encontram-se:

   ☐ na mesma sílaba.

   ☐ em sílabas diferentes.

2. Agora, observe e compare as vogais destacadas.

   céu • azul

   ◆ Nessas palavras, as vogais destacadas são seguidas:

   ☐ pela letra l.

   ☐ pelas letras u e l.

   ☐ pela letra u.

3. Escreva palavras, substituindo os símbolos pelas letras dos códigos.

   🧶 al • 🍬 el • ⛵ il • 🍇 ol • 🍲 au • 📖 ou

   natur🧶 _____   degr🍲 _____

   futeb🍇 _____   f⛵me _____

   carross🍬 _____   tes📖ro _____

4. Observe as figuras e complete a cruzadinha.

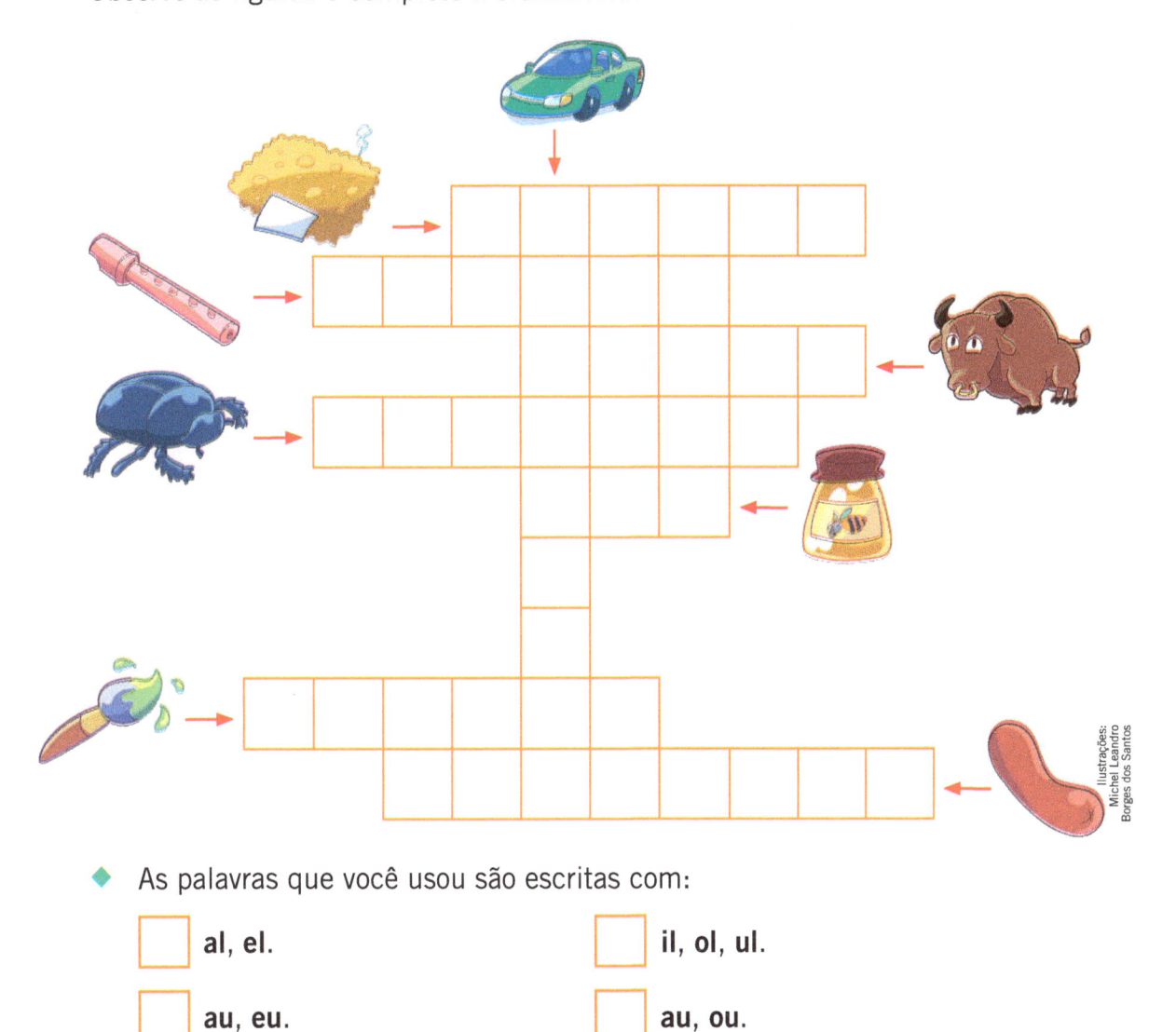

◆ As palavras que você usou são escritas com:

☐ al, el.   ☐ il, ol, ul.

☐ au, eu.   ☐ au, ou.

5. Tente decifrar as adivinhas. Depois, pinte com uma cor as palavras com vogal seguida da letra **l** na mesma sílaba e com outra cor as palavras com vogal seguida da letra **u** na mesma sílaba.

> Do chão saiu um eco
> Até onde sua força deu
> Nos ares deu três suspiros
> Virou as costas e morreu.
>
> Adivinha popular.

> Qual é o pássaro que
> em gaiola não se prende,
> só se prende quando se solta,
> por mais alto que ele voe,
> preso vai e preso volta?
>
> Adivinha popular.

◆ Na primeira adivinha, temos vogal seguida da letra _____. Na segunda, temos vogal seguida da letra _____.

6. Escolha palavras do quadro e escreva-as na frente do nome de cada brincadeira da lista a seguir.

> agradável • difícil • fácil • horrível • impossível • incrível • sensacional

Lista de brincadeiras

andar de bicicleta: _____

soltar pipas: _____

andar de carrinho de rolimã: _____

brincar de pega-pega: _____

pular corda: _____

pular amarelinha: _____

jogar bola: _____

◆ Agora, circule as vogais seguidas da letra l nas palavras que você escreveu.

7. Complete as frases com as palavras do quadro.

> calda – cauda • mal – mau • poupa – polpa • sol – sou

_____ aluno do 4º ano.

Da janela de minha sala, observo o pôr do _____.

Ontem eu me senti _____ na escola.

Gosto de sorvete com _____ de frutas.

O intenso calor não _____ ninguém, todos sofrem.

Ontem tive um _____ dia, pois estava resfriado.

Os cães abanam a _____ em sinal de alegria.

Podemos fazer sucos de _____ de frutas.

DIVERTIDAMENTE

Encontre o par!

◆ Pinte os substantivos masculinos. Depois, encontre a forma feminina e pinte essas palavras também. Descubra a imagem que se formou nesse encontro.

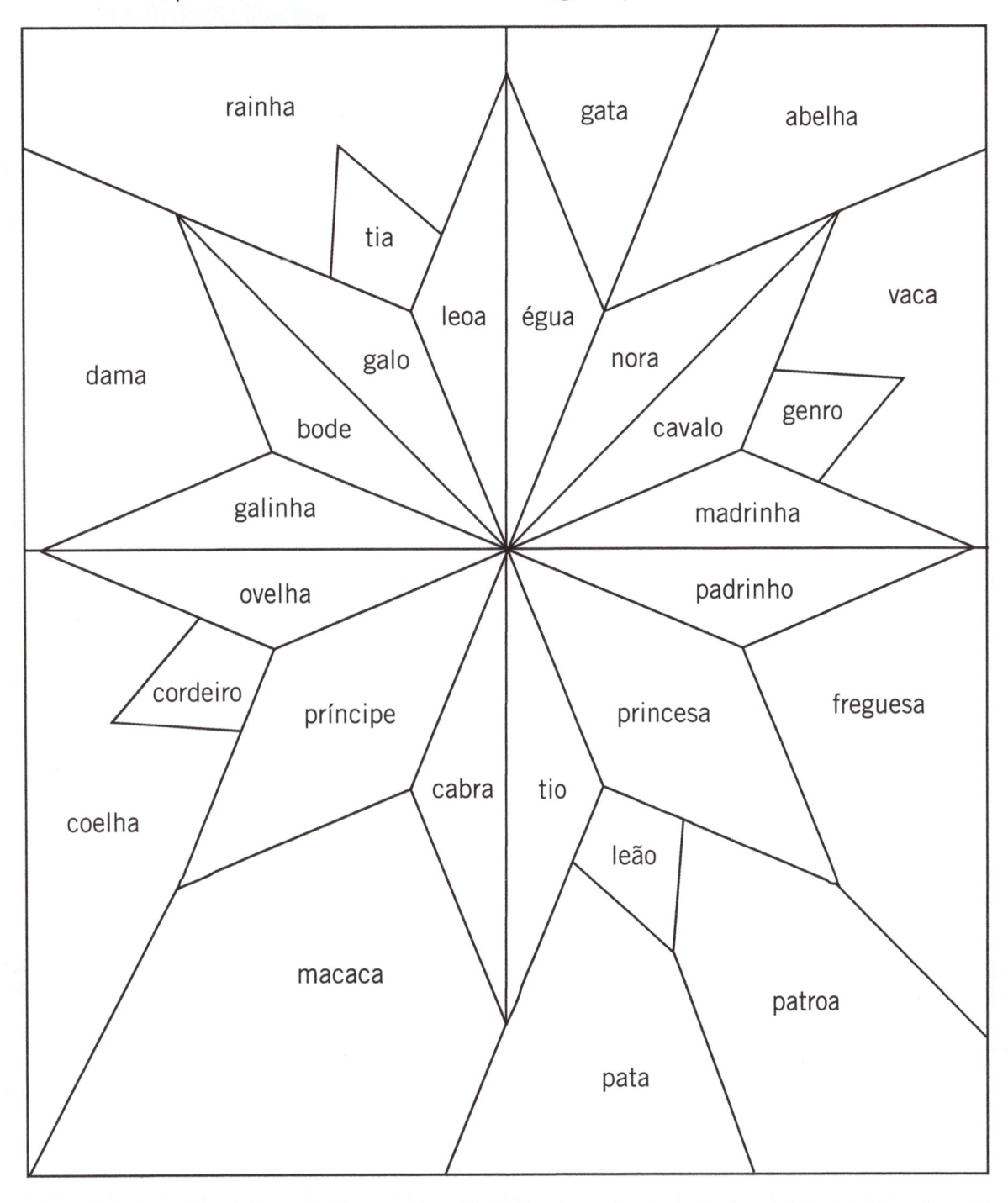

feminino	masculino
rainha	gata
abelha	tia
leoa	égua
vaca	galo
dama	nora
bode	cavalo
galinha	genro
ovelha	madrinha
cordeiro	padrinho
príncipe	princesa
coelha	freguesa
cabra	tio
macaca	leão
	patroa
	pata

14 NÚMERO DO SUBSTANTIVO

Leia este trecho de uma reportagem.

Os veados-campeiros vivem em campos naturais de alguns países da América do Sul, principalmente no Brasil, onde são encontrados no Cerrado, Pantanal e Pampas. Já foram muito numerosos, mas, desde a colonização europeia, suas populações têm diminuído por causa da transformação de grande parte de seu *habitat* em cidades, pastagens e plantações, e porque muitos desses animais também foram caçados.

Os veados eram uma das fontes de alimento dos indígenas, que os chamavam de *suaçu*, a "caça grande" em tupi-guarani. Mas foram os portugueses e espanhóis os responsáveis pela caça excessiva [...]. Atualmente, os veados-campeiros correm risco de desaparecer de várias regiões, e caçá-los é proibido por lei.

Disponível em: <http://chc.org.br/veado-campeiro-e-o-bezoar-magico/>. Acesso em: novembro de 2016.

1. Marque **F** para falso e **V** para verdadeiro. Esse texto tem a finalidade de:

    ☐ informar sobre o *habitat* do veado-campeiro no Pantanal.

    ☐ informar sobre o risco de extinção do veado-campeiro.

    ☐ divulgar a lei de proibição de caça do veado-campeiro.

    ☐ explicar que o desaparecimento desse animal foi devido à caça excessiva.

2. Releia este trecho e observe os substantivos destacados.

    > Os **veados-campeiros** vivem em **campos** naturais de alguns **países** da América do Sul [...]

    ◆ De que maneira o plural dos substantivos destacados foi formado?

    _____

3. Leia estes substantivos do texto, também empregados no plural, e escreva-os no singular.

animais _____   espanhóis _____

◆ O plural desses substantivos é formado:

☐ pela troca de **-l** por **-is**.

☐ pelo acréscimo de **-s**.

☐ pela troca de **-l** por **-s**.

4. Observe e responda.

a) Em quais dos substantivos abaixo o plural formou-se pela troca de **-ão** por **-ões**?

☐ populações   ☐ regiões

☐ pastagens   ☐ plantações

b) Em qual dos substantivos o plural formou-se de outra maneira?

_____

◆ Geralmente formamos o plural acrescentando **-s** à forma singular.
Por exemplo: vead**o** – vead**os**; maçã – maçã**s**; herói – herói**s**.

◆ Alguns substantivos sofrem modificações ao passar para o plural.
Por exemplo: anima**l** – anima**is**; espanho**l** – espanhó**is**; pastage**m** – pastage**ns**; popula**ção** – popula**ções**; paí**s** – paí**ses**; portuguê**s** – portugue**ses**.

◆ Os substantivos compostos formam o plural de forma especial.
Por exemplo: vead**o**-campeir**o** – vead**os**-campeir**os**; beija-flor – beija-flor**es**.

◆ Alguns substantivos não alteram sua forma. Por exemplo: o lápis – os lápis; o tênis – os tênis.

135

ATIVIDADES

1. Leia os quadros e passe os substantivos para o plural.

Quando?	O que havia?	Plural dos substantivos
2 bilhões de anos atrás	vulcão	
	gás	
	mar	
450 milhões de anos atrás	animal	
	fóssil	
150 milhões de anos atrás	dinossauro	
	réptil	
	ave	
Do que vivia o ser humano muito antigamente?	grão	
	raiz	

2. Passe os substantivos para o plural. Em seguida, numere cada palavra de acordo com a regra que você usou.

> 1. Troquei **-m** por **-ns**.
> 2. Troquei **-ão** por **-ãos**.
> 3. Troquei **-ão** por **-ões**.
> 4. Troquei **-l** por **-is**.

álbum _____ ☐   cidadão _____ ☐

hotel _____ ☐   balão _____ ☐

pincel _____ ☐   mão _____ ☐

bombom _____ ☐   melão _____ ☐

3. Procure no diagrama **1** oito palavras associadas aos seres humanos primitivos. Depois, encontre no diagrama **2** o plural desses substantivos.

Diagrama 1

M	C	A	Ç	A	D	O	R	T	I
O	B	Y	C	O	L	E	T	O	R
P	H	L	W	I	K	O	N	B	A
E	T	F	L	E	C	H	A	M	A
O	Z	L	E	V	N	E	K	R	I
S	X	O	K	D	M	E	T	A	L
S	V	B	I	S	Ã	O	O	I	U
O	Y	G	O	E	U	L	Y	Z	P
W	V	E	P	E	L	E	B	E	W

Diagrama 2

S	U	Y	X	Y	U	O	C	H	F
P	E	L	E	S	W	S	O	G	M
X	D	Y	W	I	V	S	L	V	E
Y	B	Q	U	B	U	O	E	X	T
F	L	E	C	H	A	S	T	Z	A
Z	U	Y	U	Y	U	K	O	N	I
K	C	A	Ç	A	D	O	R	E	S
W	U	Z	R	A	Í	Z	E	S	C
N	V	B	I	S	Õ	E	S	X	Z

◆ Agora, escreva os substantivos dos dois diagramas em ordem alfabética nas colunas corretas.

Bisões.

Singular	Plural
bisão	bisões

4. Complete a cruzadinha.

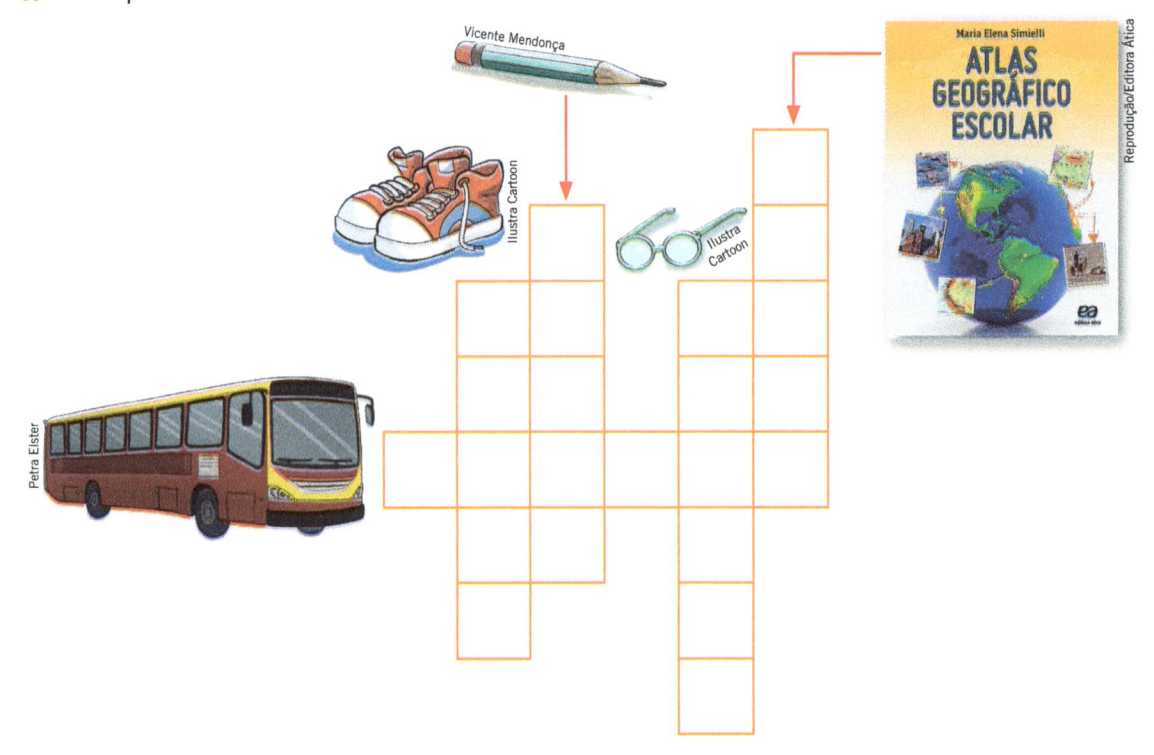

a) Agora, complete as frases usando as palavras da cruzadinha.

Os **ônibus** vermelhos.

Os _____ novos.

Os _____ verdes.

Os _____ estão na estante.

Meus _____ estão apontados.

b) As palavras que você encontrou:

☐ formam o plural com o acréscimo de **-s**.

☐ formam o plural com o acréscimo de **-es**.

☐ não mudam no plural.

5. Complete as frases passando as palavras destacadas para o plural.

a) O **plástico** é feito a partir do petróleo e substituiu o **metal** em muitos objetos.

Os _____ são feitos a partir do petróleo e substituíram os _____ em muitos objetos.

b) O primeiro plástico foi produzido em 1862 e substituiu o **chifre** e o **osso** na fabricação de **botão**.

Os primeiros plásticos foram produzidos em 1862 e substituíram os _____ e os _____ na fabricação de _____.

6. Complete o texto com os substantivos do quadro, passando-os para o plural.

> água • filho • mãe • pinguim
> predador • vento

Na Antártida, em todo mês de março, centenas de _____ fazem uma jornada de milhares de milhas de distância pelo continente, enfrentando _____, baixas temperaturas, fortes _____ e _____ profundas. [...] Enquanto isso, as _____ preparam os _____ para a vida adulta, até que possam se arriscar sozinhos no mar.

> Disponível em: <www.guiadasemana.com.br/cinema/filmes/sinopse/a-marcha-dos-pinguins#fb-comments-anchor>. Acesso em: novembro de 2016.

◆ Observe as palavras que você escreveu. Como se formou o plural delas? Escreva cada palavra de acordo com a regra.

Regra 1 – Forma-se o plural pelo acréscimo de **-s**.

_____

Regra 2 – Forma-se o plural pelo acréscimo de **-es**.

_____

Regra 3 – Forma-se o plural pela troca de **-m** por **-ns**.

_____

PARA ESCREVER MELHOR
ORTOGRAFIA: AN – AM, EN – EM, IN – IM, ON – OM, UN – UM, NS

Leia este texto e observe as imagens.

PEQUENAS MUDANÇAS DE HÁBITOS QUE FAZEM A DIFERENÇA

- Furo ou guardo os pneus em local coberto.
- Retiro a água acumulada nos pratos de vasos de plantas.
- Limpo sempre a piscina e elimino a água parada do meu jardim.
- Mantenho a caixa-d'água sempre bem tampada e limpa.
- Guardo garrafas, vasos e baldes vazios com a boca para baixo.

www.prefeitura.sp.gov.br/covisa

Prefeitura de São Paulo

AO APARECEREM SINTOMAS COMO:

Febre acima de 38° • Desânimo • Dor de cabeça • Dor nos olhos • Dor no corpo

PODE SER DENGUE! PROCURE UM POSTO DE SAÚDE.

www.prefeitura.sp.gov.br/covisa

1. Releia estas palavras do texto e observe as vogais destacadas.

   > l**i**mpo • t**a**mpada • difer**e**nça • pl**a**ntas

   ◆ Que letras aparecem depois dessas vogais? _____

2. Circule as palavras que apresentam a letra **n** após vogal como em difer**en**ça. Depois, sublinhe as palavras que apresentam a letra **m** após vogal como em t**am**pada.

   > mudanças   jardim   sintomas   sempre

3. Complete com **em** ou **en** e forme palavras. Depois, circule as palavras com **em**.

pacote	_____pacotar	torto	_____tortar
embrulho	_____brulhar	caixote	_____caixotar
pilha	_____pilhar	capa	_____capar

4. Escreva palavras de acordo com o que se pede. Depois, pinte as vogais seguidas de **n** ou **m** nas palavras que você escreveu.

Nono mês do ano: _____.

Nome de um ritmo brasileiro: _____.

Veículo que transporta pacientes: _____.

O ar em movimento: _____.

Usamos para os cabelos: _____.

Contrário de **verdade**: _____.

Contrário de **sujo**: _____.

Contrário de **nunca**: _____.

CONCLUA!

Usamos a letra **m** antes das letras _____.

5. Complete a cruzadinha de acordo com as figuras.

6. Releia as palavras que você escreveu na cruzadinha.

> bombom • pudim • jardim • nuvem • trem • cem

◆ Nessas palavras:

☐ a letra **n** vem após vogal.

☐ a letra **m** vem antes da letra **p**.

☐ a letra **m** vem no final das palavras.

7. Complete com as palavras do quadro estas informações sobre uma receita.

> bombom • compras • enviar • imprimir • rendimento • tempo

_____ SIMPLES

🕐 _____ de preparo
5 min

🍴 _____
20 porções

🖨 _____ receita

🥤 Conversão de medidas

📓 Imprimir lista de _____

✉ _____ receita por *e-mail*

Disponível em: <www.tudogostoso.com.br/receita/43597-bombom-simples.html>. Acesso em: novembro de 2016.

EURECA!

Quem inventou o quê?

◆ Quem inventou o telefone? E a lâmpada elétrica?
Coloque em ordem as sílabas e descubra os criadores de algumas invenções.
Pista: todos os nomes têm vogais seguidas da letra **n** ou **m** em fim de sílaba.

Avião.

TOS SAN   MONT DU

_____

MAS THO   SON ED

_____

Lâmpada elétrica.

HAM GRA   LLE B

_____

Telefone.

NNES JO HA   TEN GU BERG

_____

Máquina de imprensa.

143

15 GRAU DO SUBSTANTIVO

Leia o texto.

Meia-noite.

Eles eram três. O lugar preferido deles para se reunir era o tampo de uma arca de madeira antiga, que ficava guardada num canto do porão.

Ali, mal dava meia-noite, eles surgiam num *Plim-Pof-Pum!* que soltava uma fumacinha verde. Daí, um estalava os dedos e fazia surgir uma luzinha – do tamanho de um olho de duende – que ficava sobre eles, flutuando, iluminando os três com um brilho dourado.

Chamavam-se Bocão, Olhão e Sonão.

[...]

Luiz Antonio Aguiar. *Histórias duendais.*
São Paulo: Formato, 2008.

1. No trecho que você leu, o narrador vai contar uma:

    ☐ lenda.   ☐ fábula.   ☐ história.   ☐ piada.

2. Encontre no texto e escreva dois substantivos que indicam:

    a) diminuição de tamanho. _____

    b) aumento de tamanho. _____

3. De que maneira se formaram estes substantivos, que indicam variação de tamanho?

fumacinha _____

olhão _____

Na língua portuguesa, a variação de tamanho é apresentada:
- pelo **grau diminutivo** para indicar diminuição.
- pelo **grau aumentativo** para indicar aumento.

O grau de variação pode ser indicado pelo acréscimo de terminações. Veja.

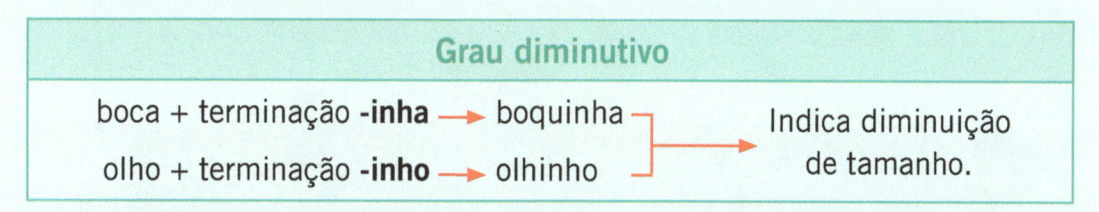

Grau diminutivo
boca + terminação **-inha** → boquinha — Indica diminuição de tamanho.
olho + terminação **-inho** → olhinho

Grau aumentativo
boca + terminação **-ão** → bocão — Indica aumento de tamanho.
dedo + terminação **-ão** → dedão

Podemos também indicar aumento ou diminuição de tamanho usando outras palavras ao lado dos substantivos. Observe as frases a seguir.

Grau diminutivo	Grau aumentativo
Um duende **pequeno**.	Um duende **grande**! Um duende **enorme**.
São duendes **minúsculos**.	Duendes não têm boca **imensa**.
Nunca vi essas **mini**criaturas.	Para os duendes, devemos ser **super**gigantes.

ATIVIDADES

1. Escreva o diminutivo destes substantivos com uma só palavra.

   caderno _____   casa _____

   revista _____   escola _____

   colega _____   praça _____

   livro _____   parque _____

   ◆ Agora, complete a frase.

   Nessas palavras, o diminutivo formou-se com o acréscimo das terminações _____ e _____.

2. Leia as frases e observe os substantivos destacados.

   — **Mamãezinha**, conta uma história para mim?

   ◆ Nessa frase, o diminutivo destacado indica:

   ☐ diminuição de tamanho da mãe.   ☐ carinho do filho pela mãe.

   — Você é um **porcalhão**!

   ◆ Nessa frase, o aumentativo indica:

   ☐ aumento de tamanho de um porco.   ☐ crítica a uma pessoa.

CONCLUA!

Os substantivos no aumentativo ou no diminutivo:

☐ sempre indicam variação de tamanho.

☐ podem não indicar diminuição ou aumento de tamanho.

3. Ligue os substantivos às frases que apresentam a variação de grau deles.

barca — Fiquei com medo daquele canzarrão.

cão — Esse chapelão é feio demais!

chapéu — A barcaça sai às 13 horas para Niterói.

voz — O vozeirão dele me assustou.

4. Observe os substantivos destacados nas frases abaixo.

Vovozinha, esse vento vai lhe fazer mal!

Filhinho, leve o casaco, porque está frio.

Venderam o **casarão** da avenida Itacaré.

Luís é um grande amigo, um **amigão**!

◆ Assinale as afirmações corretas.

☐ Os substantivos destacados estão no diminutivo ou no aumentativo.

☐ Todos os substantivos destacados indicam aumento ou diminuição de tamanho.

☐ Alguns substantivos que estão no aumentativo ou no diminutivo indicam afeto ou carinho.

5. Use algumas palavras do quadro para formar o diminutivo ou o aumentativo dos substantivos.

> enorme • super • gigantesca – gigantesco • mini • grande • hiper
> imensa – imenso • minúscula – minúsculo • pequena – pequeno

Substantivo	Diminutivo	Aumentativo
escola		
cidade		
maçã		
rio		

◆ Como foi formado o aumentativo desses substantivos?

_____

_____

6. Complete este cardápio com o aumentativo ou o diminutivo dos substantivos.

> bolacha • bolo • brigadeiro • empada • rosca

CARDÁPIO

_____ de frango

_____ de micro-ondas

_____ de leite

_____ de coco

_____ de carne

PARA ESCREVER MELHOR
ORTOGRAFIA: -INHO – -ZINHO

Leia esta cantiga.

Ai, bota aqui, ai, bota ali
O seu pezinho
O seu pezinho
Bem juntinho com o meu
e depois não vá dizer
que você já se esqueceu.
Ai, bota aqui, ai, bota ali
O seu pezinho
O seu pezinho
Bem juntinho com o meu
e depois não vá dizer
que você se arrependeu.

Cantiga popular.

1. Encontre no texto da cantiga um substantivo no diminutivo e explique como ele se formou.

   _____

2. Marque os substantivos diminutivos formados:

   a) da mesma maneira que **pezinho**.

   ☐ chapeuzinho ☐ mesinha ☐ vovozinha ☐ casinha

   b) da mesma maneira que **fumacinha**.

   ☐ chapeuzinho ☐ mesinha ☐ vovozinha ☐ casinha

   ◆ Observe e compare as letras e as terminações destacadas.

   casa + **-inha** = ca**s**inha   vovó + **-zinha** = vovo**z**inha

CONCLUA!

☐ Podemos formar o diminutivo pelo acréscimo das terminações **-inha/-inho** e **-zinho/-zinha**.

☐ Sem a letra **s** na palavra, devemos acrescentar as terminações **-zinho** ou **-zinha**.

3. Escreva a forma diminutiva dos substantivos abaixo, separe-as em sílabas e preencha o diagrama de acordo com as cores dos quadros.

lápis   apagador   mesa

lousa   cão

◆ Agora, complete a frase.

Escrevi _____ substantivos diminutivos com **-zinho/-zinha** e

_____ com **-inho/-inha**.

4. Leia esta frase e observe os substantivos destacados que estão no diminutivo plural.

Leve estes **pasteizinhos** e estes **jornaizinhos** para a vovó.

a) Veja como se formaram esses diminutivos no plural.

+ -zinho
pastel → pastéis → pasteizinhos

+ -zinho
jornal → jornais → jornaizinhos

b) Passe os substantivos para o diminutivo plural, seguindo os exemplos acima.

anel _____   hotel _____

canal _____   sinal _____

5. Observe as fotografias e escreva o nome delas. Em seguida, passe o substantivo que você escreveu para o plural e depois para o diminutivo plural.

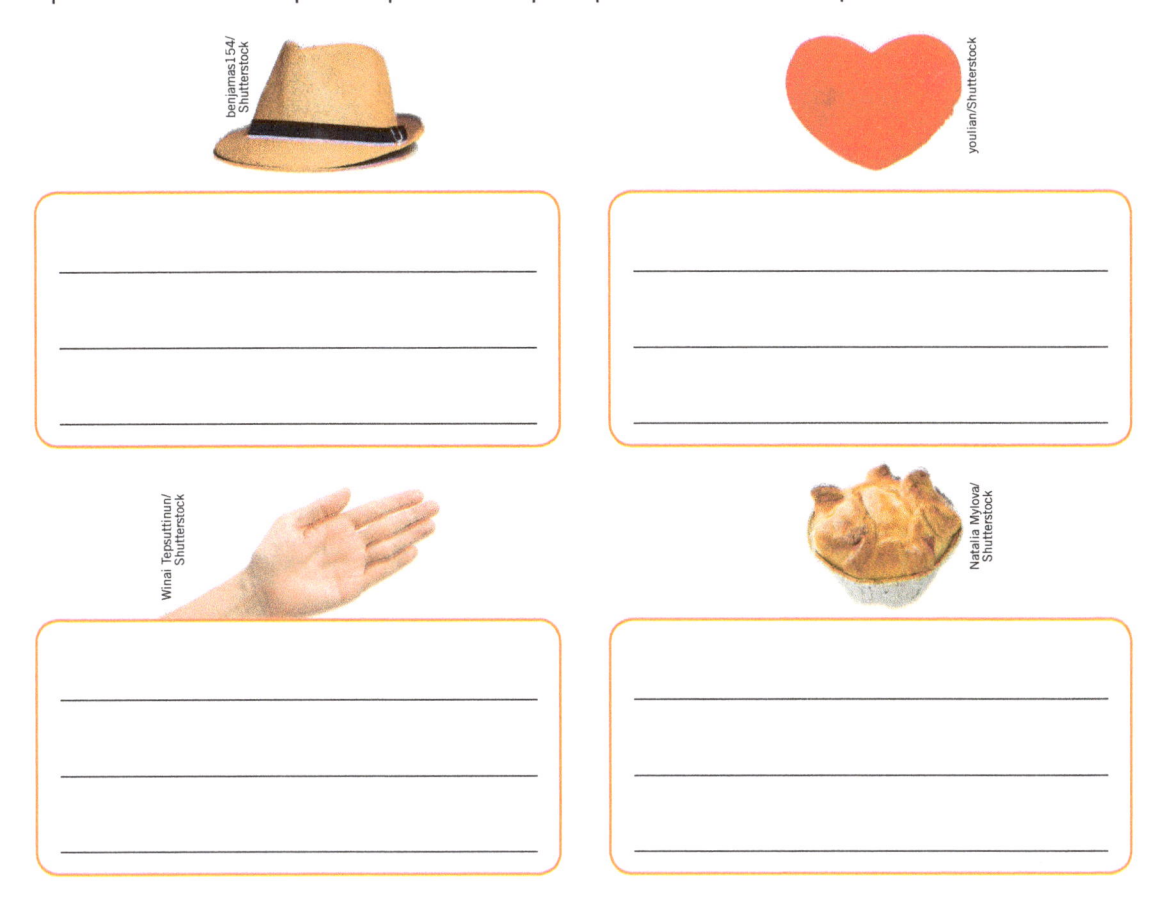

6. Complete as frases com os substantivos do quadro no diminutivo plural.

anel • avião • botão • pastel

Lanches: Croquetes e _____.

Nesta caixa, _____ e brincos de prata.

Leve dois _____ pelo preço de um!

_____ para vestidos e blusas.

DIVERTIDAMENTE

Aumentou ou não?

Nem todos os substantivos com a terminação **-ão** indicam aumento de tamanho. Siga o exemplo e descubra do que se fala em cada situação.

> Não é um caminho grande. É um **caminhão**.

Não é uma carta grande.

É um _____.

Não é um macaco grande.

É um _____.

Não é uma lima grande.

É um _____.

Não é uma travessa grande.

É um _____.

Não é uma vaga grande.

É um _____.

Não é uma cidade grande.

É um _____.

Não é uma bala grande.

É um _____.

REVISÃO

1. Encontre oito palavras e escreva-as no quadro adequado, em ordem alfabética.
   Pista: há quatro palavras na vertical e quatro na horizontal.

C	P	I	U	G	O	S	L	A	V	O	C	P	Q	H
A	T	A	G	I	A	S	D	U	G	Q	A	U	A	P
U	P	V	A	P	I	N	T	A	S	S	I	L	G	O
D	T	É	A	A	R	F	U	D	T	A	H	U	D	L
A	T	U	P	P	O	U	P	A	N	Ç	A	N	R	P
M	A	D	P	E	P	A	C	O	P	G	T	R	V	A
N	E	C	A	L	D	A	H	F	Q	L	Y	A	B	V

Palavras com **al**, **el**, **il**, **ol**	Palavras com **au**, **eu**, **iu**, **ou**
_____	_____
_____	_____

2. Forme o plural dos substantivos substituindo o símbolo pela terminação correspondente.

   Terminações
   - -es
   - -ões
   - -ãos
   - -ns

   cidad _____

   coraç _____

   home _____

   luz _____

   mar _____

3. Complete as frases com algumas das palavras da atividade **2**.

   As _____ dos faróis guiam os barcos na noite escura dos

   _____.

   _____ e mulheres devem ser _____

   conscientes, ajudando-se mutuamente.

4. Escolha dois substantivos do quadro a seguir e forme o aumentativo de cada um deles com a ajuda de outra palavra. Depois, escreva uma frase com um deles.

> bolo • cachorro • carro
> loja • presente

_____

_____

_____

5. Forme palavras, acrescentando a letra **n** ou **m** às palavras destacadas e complete as frases.

Não é um **bode**, é um _____.

Não vou **catar**, vou _____.

Em uma noite na **mata**, leve uma _____.

Não é um **pote**, é uma _____.

Bonde do bairro de Santa Teresa, Rio de Janeiro.

6. Forme o feminino dos substantivos dos grupos de palavra abaixo.

Grupo 1	Grupo 2	Grupo 3
o português	o aluno	o bode
a _____	a _____	a _____
o leitor	o filho	o padrasto
a _____	a _____	a _____

◆ Agora, numere as regras de acordo com os grupos.

☐ Forma-se o feminino pela troca da vogal **-o** pela vogal **-a**.

☐ Forma-se o feminino com uma palavra diferente.

☐ Forma-se o feminino acrescentando-se a vogal **-a** ao substantivo masculino.

7. Circule os dois substantivos que estão no aumentativo. Depois, pinte a palavra que ajudou a formar o aumentativo de cada substantivo.

> Ontem, fui a uma superfesta de aniversário. Vi fotos do meu amigo em uma tela gigantesca.

8. Observe as figuras e escreva o nome de cada uma no diminutivo.

Grupo 1		Grupo 2	
princesa	_____	pai	_____
vaso	_____	mãe	_____
mesa	_____	irmão	_____
casa	_____	colher	_____

◆ Complete.

No grupo **1**, formou-se o diminutivo com a terminação _____.

No grupo **2**, formou-se o diminutivo com a terminação _____.

9. Complete com o diminutivo plural dos substantivos que estão entre parênteses.

Os _____ precisam ficar abrigados do vento e da chuva. (animal)

Jogue os _____ no lixo. (papel)

Os _____ acabaram de sair do forno. (pão)

Comprei cinco _____ para dar de presente às minhas colegas. (anel)

16 ADJETIVO

Conheça mais um pouco sobre o lobo-guará, habitante do Cerrado brasileiro. Leia o texto.

Lobo-guará

Olha lá
O lobo brasileiro
Diferente do mundo
Inteiro.

Olha lá
O lobo-guará.

Tem pelo ruivo,
Só anda sozinho,
Nem se ouve seu uivo,
Ele é tímido
E muito quietinho.

Lalau e Laurabeatriz. *Brasileirinhos*. São Paulo: Cosac Naify, 2007.

1. Marque todas as opções corretas. Esse texto:

    ☐ é escrito em versos.   ☐ tem rimas e ritmo.

    ☐ é escrito em prosa.   ☐ é poético.

2. Releia no quadro o que se afirma sobre o lobo-guará.

    | brasileiro diferente tímido quietinho |

    ☐ Essas palavras indicam o que o lobo-guará faz.

    ☐ Essas palavras descrevem como o lobo-guará vive.

    ☐ Essas palavras caracterizam e descrevem o lobo-guará.

As palavras que acompanham o substantivo, caracterizando e descrevendo a aparência, o jeito de ser ou as qualidades de um ser ou objeto recebem o nome de **adjetivo**.

ATIVIDADES

1. Complete a ficha com os adjetivos do quadro para descrever o animal da imagem.

   branca • grandes • negras • preta • ruivo

   pelo _____

   orelhas _____

   ponta do rabo _____

   crina _____

   patas _____

   Lobo-guará.

2. Leia este texto e sublinhe os adjetivos.

   Ficha técnica do cavalo árabe

   Pelagem: Castanha e preta.
   Cabeça: Olhos arredondados, grandes e escuros. Narinas largas, dilatadas e finas.
   Andadura: Trote.

   Cavalo árabe.

   ◆ Complete a lista das características com esses adjetivos.

   pelagem: _____

   olhos: _____

   narinas: _____

157

3. Ligue os substantivos aos adjetivos que combinam com eles.

árvore

rio

fruta

história

divertida
doce
emocionante
fundo
imensa
limpo
alta
saborosa

◆ Escolha um substantivo e seus adjetivos e escreva uma frase com eles.

_____

_____

4. Ligue as sílabas seguindo as setas e descubra adjetivos. Escreva-os ao lado dos substantivos da sua escolha.

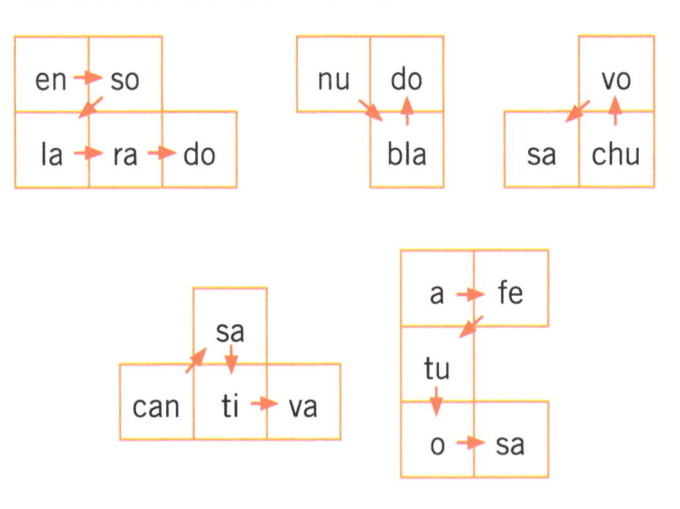

| en → so |
| la → ra → do |

| nu | do |
| bla | |

| | vo |
| sa | chu |

| | sa | |
| can | ti → va |

| a → fe |
| tu |
| o → sa |

dia _____

viagem _____

tarde _____

céu _____

família _____

5. Observe as palavras destacadas.

> cavalo **árabe** → origem: Arábia   cavalo **brasileiro** → origem: Brasil
>
> Adjetivos pátrios, pois indicam a pátria, a origem.

a) Observe as sílabas que formam os adjetivos pátrios referentes a estes países. Em seguida, escreva-os.

Holanda   lan   dês   ho   _____

França   cês   fran   _____

Japão   ja   nês   po   _____

China   nês   chi   _____

b) Agora, organize esses adjetivos no quadro em ordem alfabética. Depois, escreva a forma feminina correspondente a cada um.

Adjetivos	Forma feminina
_____	_____
_____	_____
_____	_____
_____	_____

6. E você, onde nasceu? Complete o texto de acordo com sua origem.

Nasci na cidade de _____. Sou _____.

O estado onde fica minha cidade natal é _____,

por isso eu sou _____.

Meu país é o _____. Sou _____.

PARA ESCREVER MELHOR
CONCORDÂNCIA NOMINAL

Leia esta tirinha.

> HOJE COMEÇA SUA NOVA DIETA.
> OH, NÃO! ISTO REQUER MEDIDAS EXTREMAS!
> TENHO QUE VIAJAR DE VOLTA NO TEMPO PARA EVITAR ISSO!
> EI!
> PUXA, VOCÊS HOMENS DAS CAVERNAS SÃO MUITO FEIOS!

1. Observe estes adjetivos empregados nas falas dos balões.

   nova • extremas • feios

   ◆ Agora, complete estas informações.

   a) O adjetivo **nova** está no _____ singular. Ele acompanha o substantivo _____, que também está no _____ singular.

   b) O adjetivo **extremas** está no feminino _____. Ele acompanha o substantivo _____, que também está no feminino _____.

   c) O adjetivo **feios** está no _____ plural. Ele acompanha o substantivo _____, que também está no _____ plural.

CONCLUA!

O adjetivo concorda em gênero e número com o _____ que ele acompanha.

2. Observe a figura e complete o texto com os adjetivos do quadro.

> amarela • fofo • peluda • pretas

Perdeu-se uma gatinha _____,

com manchas _____, de pelo _____

e cauda _____. Quem a encontar,

favor entrar em contato com Júlia, telefone 99877 0000.

◆ Agora, complete.

O adjetivo **pretas** concorda com o substantivo _____.

O adjetivo **fofo** concorda com o substantivo _____.

O adjetivo **peluda** concorda com o substantivo _____.

O adjetivo **amarela** concorda com o substantivo _____.

3. Observe o quadro e a figura. Circule quatro adjetivos para a menina e sublinhe quatro adjetivos para o animal de estimação dela.

> carinhosa • inteligente • veloz • engraçada • simpática • alegre • dedicada • bonito

a) Coloque os adjetivos em ordem alfabética nas colunas corretas.

Menina	Cão

b) Quais são os adjetivos que concordam com o substantivo **menina**?

_____

c) Quais são os adjetivos que concordam com o substantivo **cão**?

_____

4. Leia estes versos e sublinhe os adjetivos.

> [...]
> Na casa do vizinho
> a comida é mais gostosa
> a mãe é menos chata
> tudo tem seu encanto e sabor.
>
> Na casa do vizinho
> tudo é muito mais bonito,
> até a gente quando se olha no espelho,
> se acha diferente.
> [...]
>
> Roseana Murray. *Casas*. São Paulo: Formato, 2014.

a) Escreva ao lado de cada substantivo o adjetivo do texto que concorda com ele.

comida _____

mãe _____

b) Esses substantivos e adjetivos estão no:

☐ masculino singular. ☐ masculino plural.

☐ feminino singular. ☐ feminino plural.

5. Reescreva as frases acrescentando em cada uma delas um dos adjetivos do quadro concordando-os com os substantivos destacados.

> belas • largo • maravilhosa

a) A **Floresta** Amazônica fica na região Norte do Brasil.

_____

_____

b) O **rio** São Francisco atravessa os estados de Minas Gerais e Bahia.

_____

_____

c) As **praias** do Nordeste são visitadas o ano todo.

_____

_____

EURECA!

O que é que o Brasil tem?

◆ Observe o mapa e complete as informações.

1 Chico Mendes foi um importante ambientalista _____.

2 O Maria-Isabel é um prato típico _____.

3 A Oficina Brennand é um museu _____ que tem obras a céu aberto.

4 A praia Maragogi faz parte do litoral _____.

5 O escritor _____ Jorge Amado nasceu na cidade de Ilhéus.

6 Tiradentes era _____.

7 O café _____ é exportado para vários países.

8 O teatro Ópera de Arame fica em Curitiba, capital do estado _____.

9 O pantanal _____ tem muita diversidade de plantas e animais.

163

DE OLHO NA LÍNGUA

1. (Saresp) Faça um **X** no quadrinho da página da agenda onde deve ser escrito o nome LARISSA.

a) ☐ **E**
Nome _____
Endereço _____ 📞 _____
Nome _____
Endereço _____

b) ☐ **I**
Nome _____
Endereço _____ 📞 _____
Nome _____
Endereço _____

c) ☐ **L**
Nome _____
Endereço _____ 📞 _____
Nome _____
Endereço _____

d) ☐ **Z**
Nome _____
Endereço _____ 📞 _____
Nome _____
Endereço _____

2. (ANA) Leia a tirinha abaixo.

Copyright©1999. Mauricio de Sousa Produções Ltda. Todos os direitos reservados.

◆ O ponto de interrogação presente na fala de um dos porquinhos sugere:

a) ☐ certeza.   c) ☐ admiração.

b) ☐ dúvida.   d) ☐ ordem.

3. (Saresp) — ..."o bilhete todas as semanas,
              branco! Mas a esperança sempre verde."

◆ Nesses versos o ponto de exclamação mostra um sentimento de:

a) ☐ entusiasmo.   c) ☐ alegria.

b) ☐ ilusão.   d) ☐ decepção.

4. (Saresp) Leia o texto abaixo e responda.

O pato perto da porta
O pato perto da pia
O pato longe da pata
O pato pia que pia.

O pato longe da porta
O pato longe da pia
O pato perto da pata
É um pato que nem pia.

In: Eloí Elisabet Bocheco. *Poesia infantil – O abraço mágico.*
Chapecó: Argos, 2002. p. 106.

◆ O pato perto da pata fica:

a) ☐ calado.

b) ☐ cansado.

c) ☐ faminto.

d) ☐ sorridente.

17 GRAU DO ADJETIVO

Leia esta tirinha de Hagar, personagem de quadrinhos.

> **Quadrinho 1:** MEU NARIZ COSTUMA FICAR VERMELHO COMO UMA BETERRABA, DOUTOR! QUE DEVO FAZER?
>
> **Quadrinho 2:** PARE DE COMER BETERRABAS.
>
> **Quadrinho 3:** ESTÁ NA HORA DE TROCAR DE MÉDICO...

Dik Browne. *Folha de S.Paulo*, 15/11/2004.

1. A finalidade dessa tirinha é:

    ☐ falar da necessidade de se consultar um médico.

    ☐ contar ao leitor o que aconteceu com o personagem.

    ☐ divertir o leitor.

    ☐ alertar que beterrabas podem fazer mal.

2. Releia as falas dos balões para responder a estas questões.

    a) Ao falar da cor vermelha, com que o personagem compara seu nariz?

    _____

    b) Que palavras o personagem usa para fazer essa comparação?

    ☐ igual a uma   ☐ como uma   ☐ parecido com uma

    c) Ao fazer a comparação, o personagem diz que seu nariz fica:

    ☐ mais vermelho.   ☐ menos vermelho.   ☐ vermelho igual.

3. Leia as frases.

> Meu nariz fica **vermelho como** uma beterraba.

◆ Nessa frase, fazemos uma comparação entre dois elementos expressando a:

☐ igualdade entre os dois.

☐ superioridade de um deles.

☐ inferioridade de um deles.

> Meu nariz fica **mais vermelho que** uma beterraba.

◆ Nessa frase, fazemos uma comparação entre dois elementos expressando a:

☐ igualdade entre os dois.

☐ superioridade de um deles.

☐ inferioridade de um deles.

> Meu nariz fica **menos vermelho que** uma beterraba.

◆ Nessa frase, fazemos uma comparação entre dois elementos expressando a:

☐ igualdade entre os dois.

☐ superioridade de um deles.

☐ inferioridade de um deles.

Podemos comparar dois elementos de formas diferentes. Veja.
- ◆ **Superioridade:** mais (adjetivo) que/mais (adjetivo) do que.
- ◆ **Inferioridade:** menos (adjetivo) que/menos (adjetivo) do que.
- ◆ **Igualdade:** (adjetivo) como/tão (adjetivo) quanto.

ATIVIDADES

1. Leia e compare as frases. Depois, circule o adjetivo e marque:

   1 comparativo de igualdade. **2** comparativo de superioridade. **3** comparativo de inferioridade.

   ☐ Seus olhos são **mais** azuis **do que** o céu.

   ☐ Seus olhos são **menos** azuis **do que** os de Mariana.

   ☐ Seus olhos são **tão** azuis **quanto** os de Mariana.

2. Leia esta quadrinha e observe a comparação.

   O colo desta menina
   É branco como algodão
   Tem a beleza das garças
   Voando pelo sertão.

   Quadrinha popular.

   a) O que está sendo comparado?
   _____

   b) Qual é o adjetivo usado na comparação?
   _____

   c) Temos na quadrinha um exemplo de grau comparativo de:

   ☐ inferioridade.   ☐ superioridade.   ☐ igualdade.

3. Leia as frases, circule os adjetivos e escreva o grau comparativo de cada um deles: igualdade, inferioridade e superioridade.

   Juliano é forte como um touro: _____

   Os seus dentes são mais brancos do que a neve: _____

   O sorriso dele é menos doce do que o dela: _____

4. Compare as figuras e escreva frases sobre elas, usando o adjetivo no grau indicado.

(veloz – comparativo de superioridade)

_____

_____

_____

(alegre – comparativo de inferioridade)

_____

_____

_____

(manso – comparativo de superioridade)

_____

_____

_____

(forte – comparativo de igualdade)

_____

_____

_____

5. Leia as frases e o quadro a seguir.

O Pantanal mato-grossense é **menor** do que a Amazônia.

indica grau comparativo de superioridade do adjetivo **pequeno**.

O Brasil é **maior** do que a Argentina.

indica grau comparativo de superioridade do adjetivo **grande**.

Casos especiais	
Adjetivo	Grau comparativo de superioridade
pequeno	menor
grande	maior
bom	melhor
mau	pior

169

◆ Agora, complete as frases com o grau comparativo dos adjetivos **bom**, **mau**, **pequeno** e **grande**.

a) O estado do Amazonas é _____ do que o estado de Sergipe. (grande)

b) O estado do Paraná é _____ do que o estado da Bahia. (pequeno)

c) Na minha opinião, comer tapioca recheada com coco é _____ do que comer abóbora. (bom)

d) Ter febre é _____ do que ficar resfriado. (mau)

6. Leia os dados dos filmes a seguir: ano, duração, classificação e preço.

COLEÇÃO SUCESSOS DO DESENHO ANIMADO

A Bela e a Fera	101 Dálmatas	O Rei Leão
1991	1961	1994
79 minutos	88 minutos	76 minutos
romântico	engraçado	emocionante
R$ 24,00	R$ 24,00	R$ 20,00

Ilustrações: Michel Leandro Borges dos Santos

◆ Escreva frases para comparar os desenhos animados, usando os adjetivos destacados.

a) **antigo:** Compare *101 Dálmatas* com *A Bela e a Fera*.

_____

b) **longo:** Compare *O Rei Leão* com *A Bela e a Fera*.

_____

c) **caro:** Compare *101 Dálmatas* com *O Rei Leão*.

_____

PARA ESCREVER MELHOR
ORTOGRAFIA: AR, ER, IR, OR, UR

Observe a capa do livro e leia o texto.

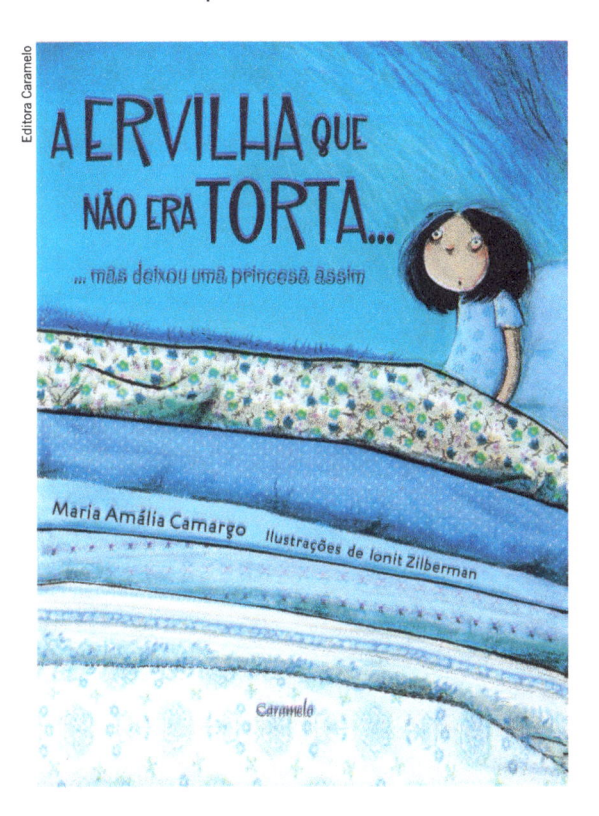

Para a maioria das pessoas, um grãozinho verde debaixo de uma pilha de colchões é a mesma coisa que nada. Mas, para verdadeiras princesas de fino trato, é batata: uma noite inteira maldormida!

Disponível em: <http://www.editorasaraiva.com.br/produtos/show/isbn:9788502146877/titulo:a-ervilha-que-nao-era-torta/>. Acesso em: dezembro de 2016.

1. Releia estas palavras e separe as sílabas delas.

    ervilha • **tor**ta • **ver**de • **ver**dadeiras

    _____

    a) Nessas palavras, a vogal e a letra **r** destacadas encontram-se na mesma sílaba ou em sílabas diferentes?

    _____

    b) Outras vogais também podem ser seguidas de **r**. Separe as sílabas destas palavras e circule os grupos de letras **ar**, **er**, **ir**, **or**, **ur**.

    adormecer • barco • despertar • irmão • urso

    _____

2. Complete as palavras com **ar, er, ir, or, ur**.

f_____me   _____so   p_____feito

_____mã   b_____dado   am_____go

_____gulho   b_____bante   lib_____dade

3. Complete as frases com os nomes das profissões, de acordo com as figuras.

Chamamos um _____ para terminar a pintura da casa.

O _____ tira seu sustento da pesca diária.

Para ser _____ é preciso ter muita paciência.

Quando crescer quero ser _____.

a) Pinte as duas últimas letras das palavras que você escreveu.

b) Que terminação você usou?

☐ -ar   ☐ -er   ☐ -ir   ☐ -or   ☐ -ur

4. Forme outras palavras, fazendo as modificações pedidas.

norte	torto
Troque **n** por **s** _____	Troque **t** por **p** _____
Troque **n** por **c** _____	Troque **t** por **m** _____
Troque **n** por **f** _____	Troque **t** por **c** _____

5. Encontre no diagrama cinco palavras com **ar**, **er**, **ir**, **or**, **ur**.

I	U	P	I	R	T	A	C	N
C	O	N	V	E	R	S	A	K
I	R	K	B	R	T	A	M	W
R	G	A	R	T	I	S	T	A
C	U	P	S	U	R	D	O	C
O	A	P	O	R	T	O	C	D

6. Complete os versos com as palavras do quadro.

acordar • chamar • despertador • enorme

Sono pesado

Toca o _____

e meu pai vem me _____:

— Levanta, filho, levanta,

tá na hora de _____.

Uma coisa, no entanto,

impede que eu me levante:

sentado nas minhas costas,

há um _____ elefante.

[...]

Claúdio Thebas. *Amigos do peito*.
São Paulo: Formato, 2014.

DIVERTIDAMENTE

◆ Este desafio é um *quiz show* para você. Marque as respostas corretas e boa sorte!

1 Qual é o maior mamífero do mundo?
- O elefante.
- A baleia.
- O hipopótamo.

2 Qual é o rio mais longo do mundo?
- O rio Nilo, no Egito.
- O rio Amazonas, no Brasil.
- O rio Mississípi, nos Estados Unidos.

3 Qual é o monumento mais antigo do mundo?
- A Estátua da Liberdade, nos Estados Unidos.
- As pirâmides, no Egito.
- A torre Eiffel, na França.

4 Qual é a menor ave do mundo?
- O canário.
- A abelha.
- O beija-flor.

5 Qual é o animal mais alto do mundo?
- A girafa.
- O orangotango.
- A preguiça.

6 Qual é a maior árvore do mundo?
- A castanheira, no Brasil.
- A sequoia, nos Estados Unidos.
- O baobá, na África.

7 Qual é o monte mais alto do mundo?
- O Kilimanjaro, na Tanzânia, África.
- O Pão de Açúcar, no Brasil.
- O Everest, no Himalaia.

8 Qual é a maior ave do mundo?
- O avestruz.
- A ema.
- A águia.

18 ARTIGO

Leia a tirinha.

Folha de S.Paulo, Folhinha, 06/12/2003.

1. A intenção principal da tirinha é:

   ☐ contar uma história. ☐ criar humor. ☐ informar sobre algo.

2. Releia estas frases e compare o emprego das palavras destacadas.

   a) Vamos pescar **o** bicho da piscina de bolinha [...]

   ☐ Ao usar "**o** bicho", a personagem **já sabia** que tinha um bicho na piscina.

   ☐ Ao usar "**o** bicho", a personagem **não sabia** que tinha um bicho na piscina.

   b) Olha! **Um** bombom!

   ☐ Ao usar "**um** bombom", a personagem **já sabia** que ia encontrar bombons.

   ☐ Ao usar "**um** bombom", a personagem **não sabia** que ia encontrar bombons.

As palavras **o**, **a**, **um**, **uma** são chamadas de **artigo**. Os artigos acompanham o substantivo e podem ser definidos ou indefinidos.

Artigos definidos
o, a, os, as

Artigos indefinidos
um, uma, uns, umas

ATIVIDADES

1. Leia e complete as frases com o artigo adequado.

   Suriá queria apanhar _____ bicho da piscina com _____ vara de pescar.

   De repente, ela viu _____ bombom preso em _____ cordãozinho.

   O bicho também queria "pescar" _____ menina.

   Suriá comeu _____ bombom.

   ◆ Agora, escreva os artigos definidos e os indefinidos que você usou.

   definidos _____   indefinidos _____

2. Observe as fotografias. Complete as frases com os nomes dos animais e use o artigo definido adequado para cada um.

   _____ estão em meio à folhagem.

   _____ passeia despreocupada na mata.

   No inverno, _____ procuram regiões mais quentes.

   _____ alimenta-se de vegetais aquáticos.

177

3. Agora, observe as fotografias e escreva os nomes destes animais usando o artigo indefinido adequado para cada um.

Vi _____ cruzando o céu.

_____ apareceu de repente diante de nós.

Ontem, no passeio pela trilha, vimos _____.

4. Acrescente a cada palavra o artigo adequado.

a) Complete com artigos definidos.

> **Podemos comer:**
>
> _____ frutas, _____ verduras, _____ legumes.
>
> _____ frango, _____ carne de boi e _____ ovos.

b) Complete com artigos indefinidos.

> **Benefícios que teremos com esses alimentos:**
>
> _____ bom funcionamento do corpo.
>
> _____ saúde perfeita.

5. Veja como a palavra **sorvete** aparece em um dicionário.

> **sorvete** *sm.* Alimento feito de suco de frutas ou de creme de leite, de chocolate, etc. e congelado até ficar quase sólido.
>
> Aurélio Buarque de Holanda Ferreira. *Dicionário Aurélio Infantil da Língua Portuguesa.*
> Rio de Janeiro: Nova Fronteira, 2014.

◆ Vamos escrever essas informações de outro modo. Leia o texto a seguir e complete os espaços com artigos definidos ou indefinidos.

_____ sorvete é _____ alimento feito com _____ suco de _____ fruta ou com creme de leite. Também pode ser usado chocolate.

_____ mistura dos ingredientes é congelada até se obter _____ massa quase sólida.

6. Leia esta frase e observe os artigos.

> Conheça histórias de uma turma que já visitou os quatro cantos do mundo.
>
> *O Estado de S. Paulo*, Estadinho, 26/1/2008.

Agora, compare-a com esta frase.

> Conheça histórias da turma da Escola São Luís que já visitou os quatro cantos do mundo.

a) Ao ler as duas frases, em qual delas você sabe qual é a turma que já visitou vários lugares?

_____

b) Crie um nome para a turma que você não sabe qual é.

_____

_____

PARA ESCREVER MELHOR
ORTOGRAFIA: R, RR

Leia este texto.

Sabe tudo sobre as praias?

[...] Às vezes a gente vê uma espécie de névoa na praia, bem no lugar onde as ondas estouram. Isso acontece porque, quando arrebentam, as ondas jogam no ar minúsculas porções de sal e água. Muito leves, essas partículas sobem com o vento e formam essa nuvem esfumaçada e úmida. Algumas partículas de água e sal absorvem calor do Sol, outras desviam os raios solares e assim mantêm a temperatura mais fresca nesses locais.

Disponível em: <http://recreio.uol.com.br/noticias/natureza/sabe-tudo-sobre-as-praias.phtml#.VlA8mHarTIU>. Acesso em: dezembro de 2016.

1. Leia em voz alta estas palavras do texto e observe a diferença de pronúncia.

   arrebentam • raios • temperatura

   ◆ Complete as frases.

   Na palavra _____, a letra **r** tem som forte e é representada na escrita por **rr**.

   Na palavra _____, a letra **r** tem som brando, fraco, e aparece entre duas vogais.

   Na palavra _____, a letra **r** aparece no início e tem som _____.

2. Leia e escreva no quadro as palavras do texto de acordo com o que é pedido.

Visita meio esquisita

O gambá entrou correndo
pela porta da varanda,
ai meu Deus que cheiro horrendo!
e todo mundo debanda
o gato salta da estante
a avó derruba a cadeira
a tia tropeça no cão.

Marina Colasanti. *Minha ilha maravilha*.
São Paulo: Ática, 2013.

r entre vogais	rr	r em encontro consonantal	r em final de sílaba, após vogal
_____	_____	_____	_____
_____	_____	_____	_____
_____	_____	_____	_____

3. Leia em voz alta esta palavra e observe a pronúncia da letra **r**.

honra ⟶ A letra **r** é pronunciada fortemente quando aparece depois da letra **n**, mesmo não sendo dobrada como no dígrafo **rr**.

a) Encontre na espiral outras palavras em que isso também acontece. Circule-as.

honrado honrade tenrue enrogentrosco enrodezenredo

b) Escreva as palavras que você encontrou no item **a**.

| _____ | _____ | _____ |

| _____ | _____ | _____ |

4. Complete os espaços com as letras **en-** e reescreva as palavras.

_____rolar _____   _____rugar _____

_____raivecer _____   _____riquecer _____

◆ Escolha duas palavras que você escreveu e faça uma frase com cada uma delas.

_____

_____

_____

5. Complete o texto com as palavras do quadro.

> arame • apuros • correr • enroscado • explora • Terra

Quando crescer, vou ser... geofísico!

Ele _____ o que está escondido dentro da _____. Com seus equipamentos, vai a lugares nada acolhedores e pode até passar por alguns _____: afundar em rios, _____ de enxame de abelhas, ficar _____ em cerca de _____ farpado e caminhar lado a lado com cobras e outros bichos. [...]

Cáthia Abreu. Revista *Ciência Hoje das Crianças*. Disponível em: <geofisicabrasil.com/oquee/93-primpassos/158-quandocrescer.html>. Acesso em: novembro de 2016.

DIVERTIDAMENTE

Descubra-me, se for capaz!

◆ Leia todas as palavras em voz alta, descubra qual é a palavra intrusa e circule-a.

corrida
rosa
macarrão
roda
receio
arranhar
ferro
beterraba
rede
relógio
abóbora
riqueza
correio
torrada
risada
sorriso
remédio
rádio
rapaz
carruagem

◆ Por que a palavra que você circulou é intrusa?

_____

_____

183

REVISÃO

1. Ligue as palavras às explicações.

   necessário, espécie — Palavras com **ss**, **c** com som /se/.

   existência, exagero — Palavras com a letra **s** com som /ze/.

   direito, aéreo, natural — Palavras com vogal seguida de **r**.

   morte, dor, viver — Palavras com **r** entre vogais.

   asilo, analisar — Palavras com a letra **x** com som /ze/.

2. Leia o trecho a seguir e observe as palavras destacadas.

   > Jaime era louco por latinhas. Até sonhava com algumas. Uma vez descobriu, na gavetinha de um criado-mudo, no quarto dos pais, uma latinha tão **bonita**, mas tão **bonita**, que não a levou para os meninos verem. [...]
   > Era uma latinha **redonda**, **dourada**, bem **antiga**. [...]
   >
   > Julieta de Godoy Ladeira. *As latinhas também amam:* um romance a favor da reciclagem. São Paulo: Atual, 2014.

   a) Complete o texto a seguir passando para o masculino os adjetivos destacados do trecho anterior.

   > Jaime era louco por botões. Até sonhava com alguns. Uma vez descobriu, na gavetinha de um criado-mudo, no quarto dos pais, um botão tão _____, mas tão _____, que não o levou para os meninos verem.
   > Era um botão _____, _____, bem _____.

   b) Os adjetivos que você escreveu concordam com o substantivo:

   ☐ Jaime.   ☐ latinhas.   ☐ botão.

3. Desembaralhe as palavras dos quadros e encontre um antônimo para cada adjetivo.

paciente pa im ci te en _____

doente dá sau vel _____

nervoso lo qui tran _____

feliz fe in liz _____

4. Complete as frases com o adjetivo pátrio correspondente.

Vista do Elevador Lacerda, em Salvador, capital do estado da Bahia.

a) Quem nasce no estado da Bahia é _____.

b) Quem nasce no estado de São Paulo é _____.

c) Quem nasce no estado do Ceará é _____.

d) Quem nasce no estado do Piauí é _____.

5. O que você mais gosta de fazer? Faça comparações e complete as frases usando o grau comparativo de superioridade ou de inferioridade. Use um dos adjetivos que estão entre parênteses.

a) Ver TV é _____ do que andar de bicicleta. (divertido – interessante)

b) Andar de bicicleta é _____ do que jogar *videogame*. (saudável – emocionante)

c) Ir ao cinema é _____ do que ver TV. (divertido – chato)

6. Complete com o adjetivo que corresponde ao substantivo destacado.

a) O cão que tem **medo** é _____.

b) A casa que tem **espaço** é _____.

c) A estrada que tem **perigo** é _____.

d) O pão que tem **sabor** é _____.

19 PRONOMES PESSOAIS

Leia o texto.

[...]

Morando em Paris desde os 18 anos, o brasileiro Santos Dumont acompanhava todos esses avanços [anteriores a 1906] e reunia as informações que pudessem ajudá-lo a construir uma máquina capaz de voar. [...]

Ao realizar seu voo em 1906, ele entrou para a história e impulsionou inúmeros e importantíssimos avanços que possibilitariam que o avião se tornasse uma máquina tão confiável e eficiente que, menos de 10 anos depois, já era usada na Primeira Guerra Mundial.
[...]

Erika Sallum. Duelo de asas.
Revista *Superinteressante*.
Disponível em: <http://super.abril.com.br/historia/historia-da-aviacao-duelo-de-asas>.
Acesso em: dezembro de 2016.

1. O trecho acima, publicado em uma revista, é:

    ☐ uma reportagem sobre Paris.

    ☐ uma notícia sobre uma guerra.

    ☐ uma reportagem sobre Santos Dumont.

    ☐ uma narrativa de ficção sobre Santos Dumont.

2. Leia as duas frases deste trecho.

    > Santos Dumont realizou seu voo em 1906. Ele surpreendeu o mundo com sua invenção.

◆ Na 2ª frase desse trecho, qual é a palavra que se refere a Santos Dumont e é usada no lugar desse substantivo próprio?

_____

3. Leia estas frases e indique a quem se referem as palavras destacadas.

> Natália nunca tinha ouvido falar de Santos Dumont. Depois de ler sobre a invenção do avião, **ela** já **o** conhece melhor.

> Pedro e Rubens têm uma coleção de aviões antigos de brinquedo. **Eles a** começaram quando crianças.

Ela: refere-se à _____.

O: refere-se a _____.

Eles: refere-se a _____.

A: refere-se à _____.

A palavra que substitui um substantivo ou se refere a ele recebe o nome de **pronome pessoal**.
◆ Ao substituir um termo que já foi mencionado anteriormente no texto, os pronomes pessoais ajudam a evitar repetições desnecessárias.
◆ Eles podem ser de dois casos: **reto** e **oblíquo**. Veja.

		Reto	Oblíquo
Singular	1ª pessoa	eu	me, mim, comigo
	2ª pessoa	tu	te, ti, contigo
	3ª pessoa	ele, ela	o, a, se, lhe, si, consigo, ele, ela
Plural	1ª pessoa	nós	nos, nós, conosco
	2ª pessoa	vós	vos, vós, convosco
	3ª pessoa	eles, elas	os, as, se, lhes, si, consigo, eles, elas

ATIVIDADES

1. Complete as frases com pronomes pessoais do caso reto que correspondam às palavras destacadas.

   No dia 12 de novembro de 1906, **Santos Dumont** decolou em Paris com seu 14 Bis. _____ voou a 6 metros de altura por 220 metros.

   Os estadunidenses dizem que foram **os irmãos Wright** os primeiros a voar. _____ realizaram um voo curto e baixo em 1903.

   Eu e meu irmão já lemos várias reportagens sobre Santos Dumont. _____ temos muito interesse em aviação.

   Os irmãos Orville e Wilbur Wright com a aeronave Flyer II, nos Estados Unidos, em 1904.

2. De acordo com as palavras destacadas, complete as frases com os pronomes pessoais do caso oblíquo que estão no quadro.

   o • a • os • as

   O **primeiro voo** com auxílio de motor aconteceu na França. Santos Dumont realizou-_____ em 1906.

   Pelé e Tostão foram grandes jogadores de futebol. Essa habilidade _____ tornou famosos.

   Gosto de **histórias** sobre brasileiros famosos. Sempre que posso _____ leio.

   Monteiro Lobato foi um brasileiro famoso por causa da **boneca Emília**. O escritor criou-_____ em 1920.

188

3. Escreva as frases substituindo as palavras repetidas pelos pronomes pessoais do caso oblíquo: **o** ou **os**.

A fama de Pelé levou Pelé aos lugares mais distantes do planeta.

_____

_____

A fábrica projetou carros e equipou os carros com motor a álcool.

_____

_____

O talento dos nossos jogadores de futebol tornou esses jogadores famosos no mundo inteiro.

_____

_____

4. Substitua as palavras repetidas pelo pronome pessoal do caso oblíquo **lhe** ou **lhes**, conforme indicado nos quadros. Observe os exemplos.

lhe ⟶ a ele, a ela   **lhes** ⟶ a eles, a elas

A habilidade de Senna na Fórmula 1 deu **a Senna** fama internacional.

A habilidade de Senna na Fórmula 1 deu **a ele** fama internacional.

A habilidade de Senna na Fórmula 1 deu-**lhe** fama internacional.

Minha tia sempre gostou de crianças e, por isso, dedicou às crianças um livro de fábulas brasileiras.

_____

_____

A avó de Pedro cozinha muito bem e ele sempre pede à sua avó que faça macarrão.

_____

_____

189

PARA ESCREVER MELHOR
USO DE PRONOMES OBLÍQUOS

Leia esta adivinha e observe as formas pronominais destacadas.

Tão amiga sou do trabalho,
que nem sobre camas de flores descanso,
sem ofendê-**las** as piso,
e sem feri-**las** as pico.

Adivinha portuguesa.

1. Releia estes versos.

   sem ofendê-**las** as piso,
   e sem feri-**las** as pico.

   a) No poema, a quem se refere a forma **las**? _____

   b) Compare.

   ofende**r** as flores   decora**r** os versos
   ofende**r** + **as** → ofendê-**las**   decora**r** + **os** → decorá-**los**

   ◆ Complete.

   Quando o verbo termina em **r** e é seguido pelos pronomes **o, a, os, as**, esses

   pronomes passam a _____.

2. Complete as frases usando as informações entre parênteses com as formas pronominais adequadas do quadro.

   lo • la • los • las

   As abelhas sobrevoam as flores sem _____.
   (machucar as flores)

   Elas se aproximam para recolher o néctar e _____ à
   colmeia. (levar o néctar)

   O mel é um ótimo alimento e podemos _____ diariamente.
   (consumir o mel)

3. Circule nas frases os pronomes pessoais do caso reto. Depois, complete-as com os pronomes pessoais do caso oblíquo adequados. Em caso de dúvida, consulte os quadros.

| eu → me, mim, comigo | nós → nos, conosco |
| ele, ela → se, o, a, lhe | eles, elas → se, os, as, lhes |

Eu e meus colegas lemos a biografia de vários brasileiros famosos. Nós _____ orgulhamos de ser brasileiros.

Ronaldo participou de três Copas do Mundo. Eu _____ lembro de quando o Brasil conquistou o pentacampeonato no Japão.

Eu preciso ir à biblioteca pesquisar. Vou convidar um colega para ir _____.

4. Leia estes versos e observe a expressão destacada.

Quem é que diz
que **a gente** não pode
ser feliz?
[...]

Paulo Netho. *Poesia Futebol Clube e outros poemas.* São Paulo: Formato, 2016.

a) Nesses versos, a expressão **a gente** equivale ao pronome pessoal:

☐ eu. ☐ eles. ☐ vocês. ☐ nós.

b) Reescreva os versos, substituindo essa expressão pelo pronome que você assinalou. **Atenção:** você terá de fazer outras modificações!

_____

_____

_____

5. Leia as frases e assinale com um **X** a forma pronominal que pode substituir as palavras destacadas. Em seguida, reescreva as frases fazendo a substituição.

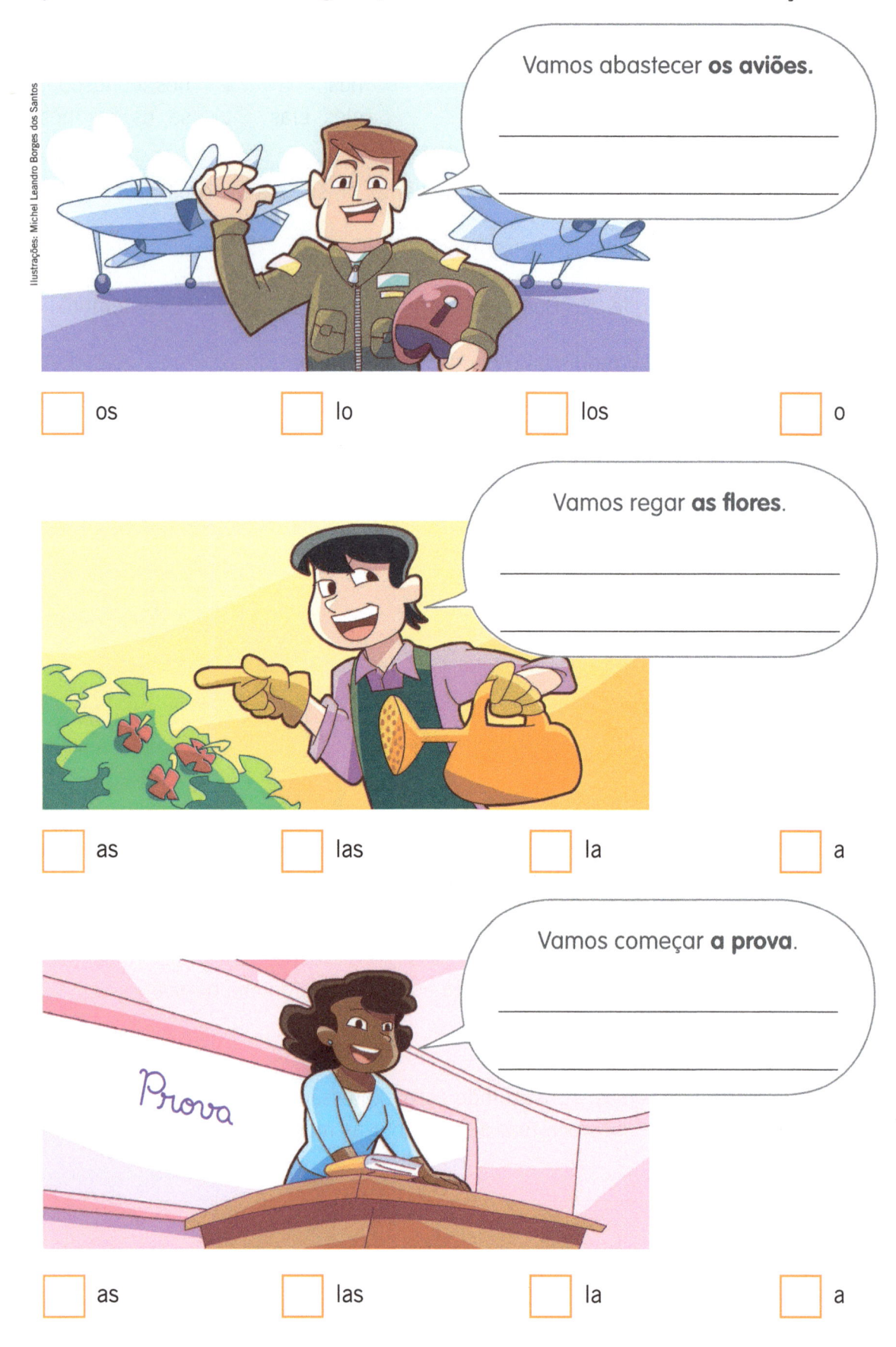

Vamos abastecer **os aviões.**
_____
_____

☐ os   ☐ lo   ☐ los   ☐ o

Vamos regar **as flores**.
_____
_____

☐ as   ☐ las   ☐ la   ☐ a

Vamos começar **a prova**.
_____
_____

☐ as   ☐ las   ☐ la   ☐ a

6. Leia as frases com atenção e indique a quem se referem as formas pronominais destacadas. Veja o exemplo.

> O técnico de um time treina os jogadores para mantê-**los** em forma.
> → **os jogadores**

Ronaldinho Gaúcho fez muitos gols nas Copas, fato que **o** tornou famoso.

_____

No futebol, os jogadores conduzem a bola com os pés, tentando fazê-**la** entrar no gol adversário.

_____

Pelé não joga mais, mas os brasileiros nunca vão deixar de admirá-**lo**.

_____

Garrincha e Sócrates foram jogadores famosos. Procure conhecê-**los** bem.

_____

7. Leia as frases e circule as palavras repetidas. Depois, marque com um **X** a forma pronominal que pode substituí-las adequadamente.

   a) Os pássaros voam porque têm asas. Por que não imitamos os pássaros?

   ☐ os   ☐ los   ☐ lhes

   b) Na lenda de Ícaro, o personagem construiu duas asas de penas para voar, colando as penas com cera.

   ☐ as
   ☐ las
   ☐ lhes

   Pintura que representa o voo de Ícaro. (Coleção Particular).

   c) Ícaro caiu no mar e morreu afogado. Ninguém pôde ajudar Ícaro.

   ☐ os   ☐ lo   ☐ lhe

193

8. Leia o texto a seguir.

https://kuinzytao.wordpress.com/2006/08/24/amyr_klink/

Amyr Klink em uma das muitas viagens que fez.

Na madrugada de 10 de junho de 1984, em Lüderitz, porto na costa da Namíbia [África], o barco a remo de um brasileiro desconhecido recebe autorização para zarpar rumo ao Brasil. Amyr Klink partiria para sua primeira grande viagem marítima [...]. Após construir o barco IAT na baixada fluminense e decidir partir da costa africana, o navegador então com 29 anos de idade aportou solitariamente cem dias depois na Praia da Espera, no litoral baiano. [...]

Disponível em: <https://kuinzytao.wordpress.com/2006/08/24/amyr_klink/>.
Acesso em: novembro de 2016.

a) Responda às questões usando um pronome do caso oblíquo no lugar das palavras destacadas. **Atenção:** faça as modificações necessárias!

Você já conhecia **Amyr Klink**?

_____

Como Amyr Klink conseguiu cruzar **o oceano Atlântico**?

_____

Em quanto tempo o navegador conseguiu atingir **a costa brasileira**?

_____

b) Agora, circule os pronomes oblíquos que você usou.

EURECA!

◆ O nome de um brasileiro famoso está escondido entre as letras. Quem será? Para descobrir, pinte no diagrama as letras destes nomes.

AYRTON SENNA • MONTEIRO LOBATO • ZIRALDO

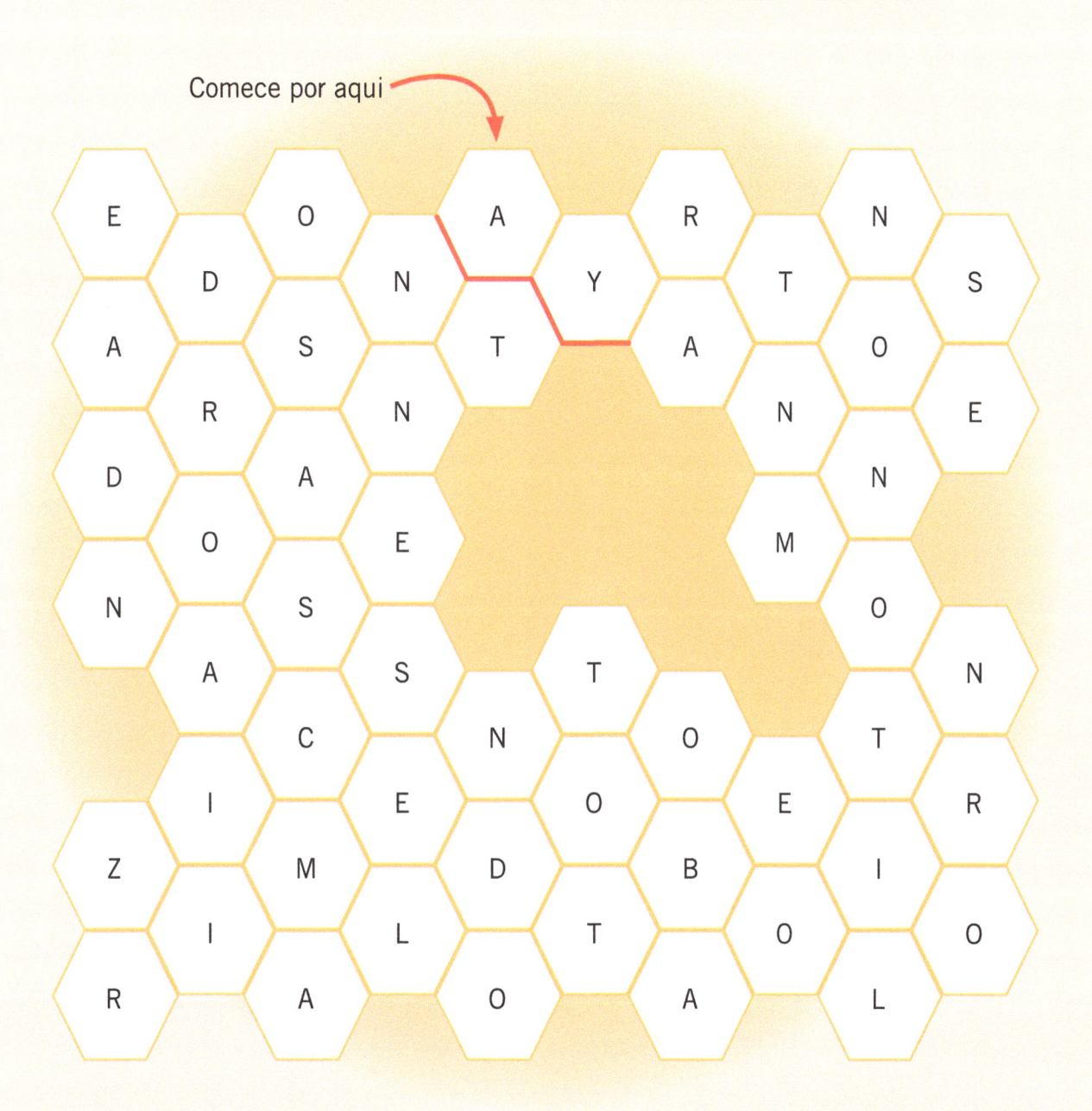

Comece por aqui

Agora, tente ordenar as letras que sobraram para escrever o nome na linha abaixo.

_____   _____   __   _____

20 NUMERAL

Leia este texto.

As cinco montanhas mais altas do mundo

1 – Monte Everest – 8 848 metros

O Monte Everest é a montanha mais alta do mundo, com 8 848 metros; faz parte da Cordilheira do Himalaia, localizada na fronteira entre o Nepal e a China. Foi escalada pela primeira vez em 1953.

2 – K2 – 8 611 metros

O K2 é a segunda montanha mais alta do mundo, com 8 611 metros; faz parte da Cordilheira de Karakoram, localizada na fronteira entre o Paquistão e a China. Foi escalada pela primeira vez em 1954.

3 – Kangchenjunga – 8 586 metros

Kangchenjunga é a terceira montanha mais alta do mundo, com 8 586 metros; faz parte da Cordilheira do Himalaia, localizada na fronteira entre o Nepal e a Índia. Foi escalada pela primeira vez em 1955.

4 – Lhotse – 8 516 metros

Lhotse é a quarta montanha mais alta do mundo, com 8 516 metros; faz parte da Cordilheira do Himalaia, localizada na fronteira entre o Nepal e a China. Foi escalada pela primeira vez em 1956.

5 – Makalu – 8 485 metros

Makalu é a quinta montanha mais alta do mundo, com 8 485 metros; faz parte da Cordilheira do Himalaia, localizada na fronteira entre o Nepal e a China. Foi escalada pela primeira vez em 1955.

Disponível em: <http://gigantesdomundo.blogspot.co.at/2011/12/as-10-montanhas-mais-altas-do-mundo.html>. Acesso em: novembro de 2016. Adaptado.

1. Qual é o principal assunto do texto?

    ☐ Informar sobre as montanhas.

    ☐ Informar sobre as cinco montanhas mais altas do mundo.

    ☐ Narrar histórias sobre montanhas.

2. Por que foram usados tantos números no texto?

    _____

    _____

3. Observe o número que indica a altitude da montanha mais alta.

    Monte Everest – 8 848 metros

    a) Escreva esse número por extenso.

    _____

    b) As palavras que você usou para representar esse número são:

    ☐ adjetivos. ☐ substantivos. ☐ numerais.

    c) Essas palavras indicam:

    ☐ qualidade. ☐ quantidade.

4. Releia esta frase do texto e observe a palavra destacada.

> Makalu é a **quinta** montanha mais alta do mundo [...].

a) Essa palavra é um:

☐ adjetivo. ☐ substantivo. ☐ numeral.

b) Essa palavra indica:

☐ o lugar em que a montanha aparece na lista.
☐ a quantidade de metros que a montanha tem.

5. Leia esta informação e observe a palavra destacada.

> A montanha mais alta do Brasil é o pico da Neblina, no Amazonas, com 2 994 metros. O Monte Everest tem quase o **triplo** dessa altitude. Subir até a **metade** do Monte Everest é uma aventura difícil.

a) O **triplo** significa que o Monte Everest é:

☐ quase trinta vezes mais alto que o pico da Neblina.

☐ quase três vezes mais alto que o pico da Neblina.

☐ um pouco mais alto que o pico da Neblina.

b) A palavra **triplo** indica:

☐ divisão. ☐ multiplicação. ☐ soma.

c) A palavra **metade** indica:

☐ divisão. ☐ multiplicação. ☐ soma.

As palavras que indicam a quantidade de elementos existentes ou a ordem em que estes se organizam recebem o nome de **numerais**. Esses podem ser:

◆ **cardinais**: expressam quantidade exata. Por exemplo: cinco, dez, noventa, mil.
◆ **ordinais**: indicam a ordem ou o lugar de pessoas ou coisas em uma sequência. Por exemplo: primeiro, segundo, quinto.
◆ **multiplicativos**: expressam multiplicação, aumento de quantidade. Por exemplo: o dobro, o triplo.
◆ **fracionários**: indicam divisão, diminuição de quantidade. Por exemplo: a metade, um terço.

ATIVIDADES

1. Compare a altitude destas três montanhas. Escreva o numeral ordinal por extenso para indicar a ordem de tamanho delas.

Monte Everest 8 848 m

Kangchenjunga 8 586 m

Lhotse 8 516 m

O _____ em altitude é o Monte Everest.

Kangchenjunga é _____ em altitude.

Lhotse é _____ em altitude.

2. Leia a classificação de alguns clubes neste campeonato de futebol.

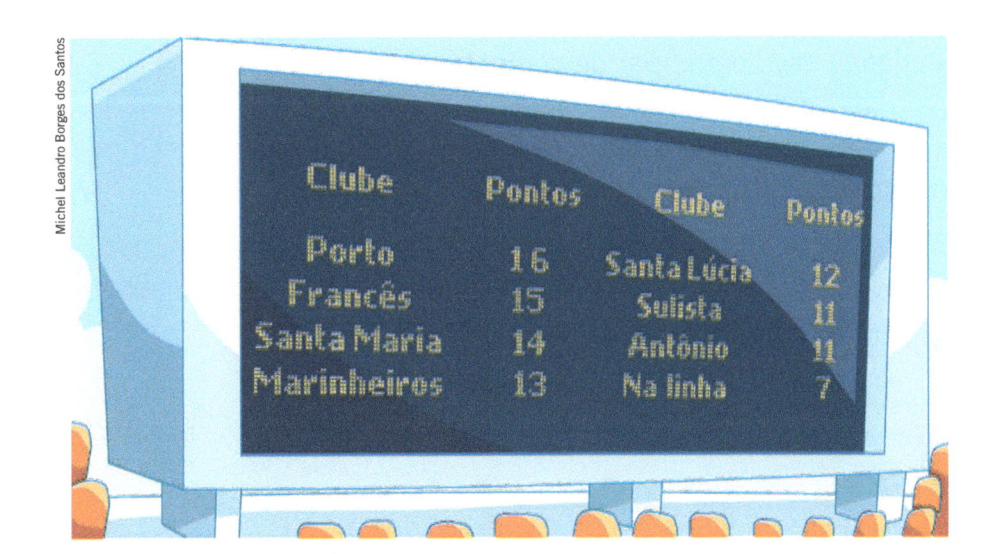

Clube	Pontos	Clube	Pontos
Porto	16	Santa Lúcia	12
Francês	15	Sulista	11
Santa Maria	14	Antônio	11
Marinheiros	13	Na linha	7

◆ Responda.

a) Que lugar ocupou o clube Porto? _____

b) Quem ficou em terceiro lugar? _____

c) Em que lugar ficou o clube Marinheiros? _____

3. Complete a seguir com suas informações. Escreva os numerais por extenso.

   A minha altura é _____ metro e _____ centímetros.

   O meu peso é _____ quilogramas.

   Tenho _____ anos de idade.

   O número da minha casa (ou apartamento) é _____.

   Sou o(a) _____ filho(a) dos meus pais.

4. Leia a tabela com atenção.

Pesquisa sobre esportes Total de crianças entrevistadas: 100	Respostas	
	SIM	NÃO
Você pratica algum esporte?	65	35
Exercícios exagerados podem prejudicar o corpo de uma criança?	72	28
Uma criança deve participar de competições?	37	63
A natação é o esporte mais completo de todos?	93	7

◆ Complete as frases escrevendo os numerais por extenso.

a) _____ crianças participaram da pesquisa.

_____ praticam esportes.

b) _____ entrevistados acham que exercícios exagerados podem prejudicar o corpo de uma criança.

c) _____ responderam que as crianças não devem participar de competições.

5. Complete com o que se pede entre parênteses.

   a) Só comi _____ do sanduíche.
      (numeral fracionário)

   b) Na minha classe, sou o _____ da lista de chamada.
      (numeral ordinal)

   c) O nosso time fez o _____ de pontos do adversário. (numeral multiplicativo)

   d) Da escola à minha casa são _____ quadras.
      (numeral cardinal)

6. Circule os numerais das frases.

   a) Minha irmã tem o dobro da idade do meu primo.

   b) O salto triplo é uma especialidade olímpica do atletismo.

   c) Apartamento quíntuplo, com acomodação para toda a família.

   d) Oito é o quádruplo de dois.

◆ Esses numerais classificam-se como:

   ☐ cardinais.
   ☐ multiplicativos.
   ☐ ordinais.
   ☐ fracionários.

PARA ESCREVER MELHOR
ORTOGRAFIA: GE – JE, GI – JI

Leia o título e a linha inicial desta notícia.

Fotógrafo registra jiboia atravessando rua em Rio Branco

De acordo com bióloga, animal não é venenoso e pode atingir até 4 metros.

Disponível em: <g1.globo.com/ac/acre/noticia/2015/05/fotografo-registra-jiboia-atravessando-rua-em-rio-branco-veja-video.html>. Acesso em: outubro de 2016.

1. Leia em voz alta estas palavras da notícia e observe as letras destacadas.

   jiboia • atingir

   a) Essas letras:
   ☐ têm grafia igual e representam o mesmo som.
   ☐ têm grafia diferente e representam o mesmo som.

   b) Essas letras representam o som:
   ☐ /ze/.   ☐ /je/.   ☐ /gue/.

2. Leia as palavras e pinte aquelas que têm som /je/.

   girassol • garrafa • gelatina • jeito • goteira • agitação • pajé
   tigela • página • jipe • geleia • agudo • congelar • jaca • gelo

   ◆ Nas palavras que você pintou, o som /je/ é representado por:
   ☐ letras iguais.   ☐ letras diferentes.

3. Descubra palavras escritas com as letras **g** ou **j**. Circule cada palavra de uma cor.

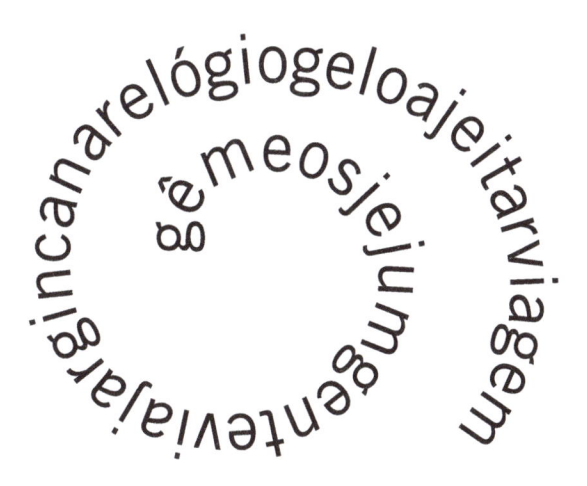

relógio geloa jeitar viagem gêmeos jejum gente viajar gincana

◆ Nas palavras que você encontrou, as letras **g** e **j** representam:

☐ o mesmo som.   ☐ sons diferentes.

CONCLUA!

☐ O som /je/ pode ser representado por duas letras diferentes.

☐ O som /je/ é representado sempre pela mesma letra.

4. Siga as setas e descubra palavras com som /je/.

LA	GE	TAN	VE	NA
MA	TO	GE	PO	XI
LE	DA	PO	RI	NA
E	RE	ÇO	PER	BI
ME	GI	BO	SO	NA
NA	ME	RO	ZE	GEM

GUE	JE	LA	MI	MA
GE	OB	PI	JA	TI
JE	CI	BO	JI	FU
BU	TO	SO	SU	RA
MA	LA	DE	VU	JEI
MI	JES	TA	DU	RA

◆ Nesse quadro, as palavras que você encontrou escrevem-se com:

☐ a letra **g**.
☐ a letra **j**.

◆ Nesse quadro, as palavras que você encontrou escrevem-se com:

☐ a letra **g**.
☐ a letra **j**.

203

5. Forme palavras e escreva-as nas linhas.

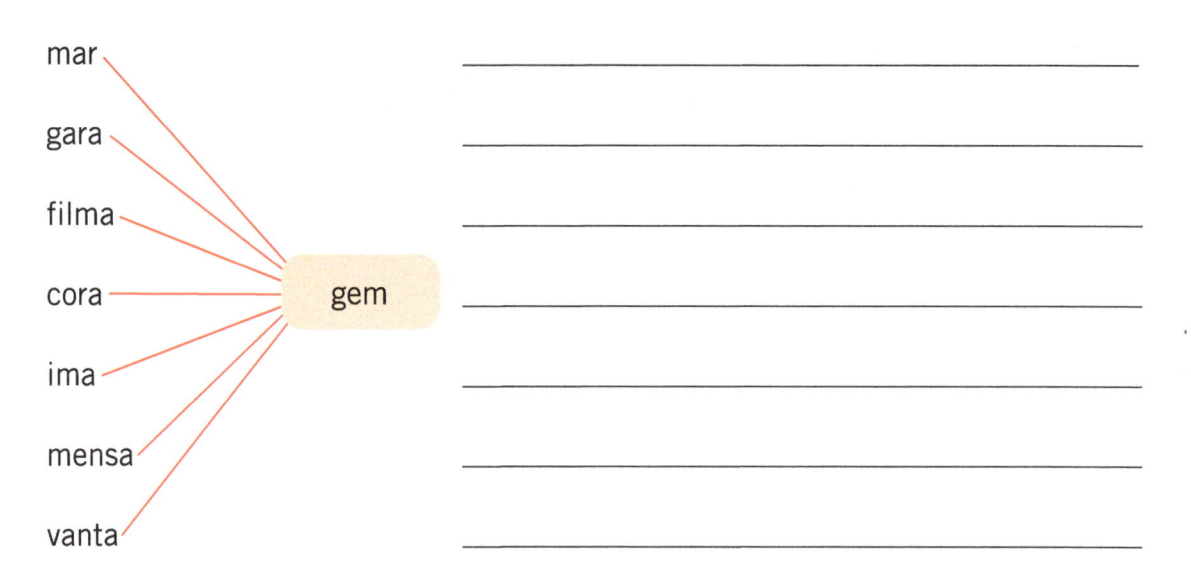

mar
gara
filma
cora — gem
ima
mensa
vanta

_____
_____
_____
_____
_____
_____
_____

6. Encaixe as palavras do quadro no diagrama.

agendar • agir • congelados • folhagem • ginástica
girar • inteligente • refrigerante • regime

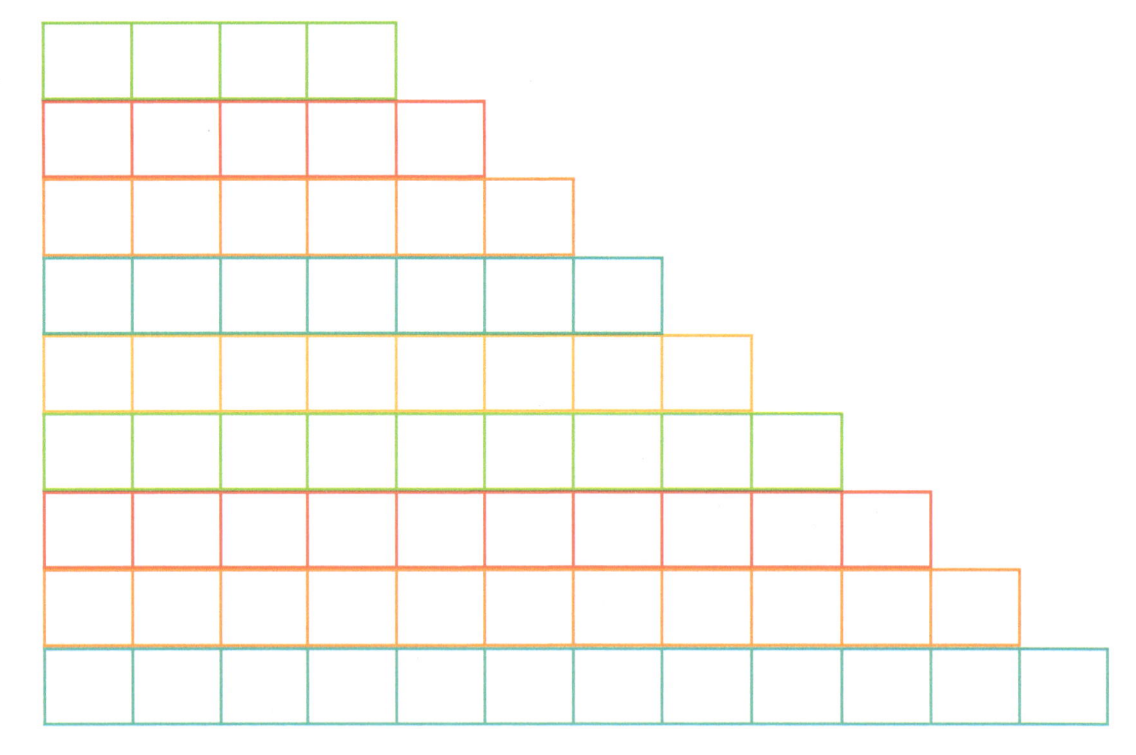

◆ Nessas palavras, a letra **g** representa:

☐ o som /gue/.

☐ o som /je/.

DIVERTIDAMENTE

Eu sou o...

◆ Pinte de preto os verbos com som /je/ e de vermelho as outras palavras com o mesmo som e descubra um personagem famoso nos quadrinhos e no cinema.

agora, guitarra, goiaba, linguiça, garrafa, goteira, jeito, gentil, argola, manga, aguentar, generoso, estrangeiro, janela, água, majestade, magistério, manjericão, agosto, objeto, jarra, amargo, inteligência, gelar, tingir, gola, antigo, gente, igual, gorila, surgir, gerar, jejum, galo, projetor, granja, geleia, grosso, manteiga, guerra, canjica, sujo, seguir, Angola, gato, magro, comigo

205

21 VERBO E TEMPOS VERBAIS

Leia este texto, publicado em um *site*.

Nordeste

O Sol aparece entre muitas nuvens e ainda chove a qualquer hora no litoral da Bahia. Na faixa leste entre Sergipe e o Rio Grande do Norte e no norte do Maranhão, do Piauí e do Ceará, o Sol aparece com mais força e só chove de forma isolada pela manhã. Em todas as demais áreas do Nordeste, o Sol brilha forte e o tempo segue firme, com poucas nuvens, bastante calor à tarde e baixa umidade do ar.

Disponível em: <noticias.terra.com.br/brasil/cidades/dia-comeca-com-nuvens-mas-sol-aparece-na-maior-parte-do-sudeste,1dad4cb8511da310VgnCLD200000bbcceb0aRCRD.html>. Acesso em: novembro de 2016.

1. Esse texto:
   - ☐ informa sobre a região Nordeste.
   - ☐ informa sobre o tempo no Nordeste.
   - ☐ dá uma notícia sobre a Bahia.

2. Releia estas frases do texto e observe a palavra destacada.

   > O Sol **aparece** entre muitas nuvens [...]

   a) A palavra **aparece** indica:
   - ☐ uma ação.
   - ☐ uma qualidade.
   - ☐ uma quantidade.

   > [...] **chove** a qualquer hora no litoral da Bahia.

   b) A palavra **chove** indica:
   - ☐ um fenômeno da natureza.
   - ☐ uma ação do ser humano.

3. Observe agora as palavras destacadas nestas frases.

> O Sol **está** forte.
> O tempo **fica** firme.

◆ Essas palavras indicam:

☐ uma ação.

☐ um modo de ser ou estado.

☐ um fenômeno da natureza.

4. Observe e compare as palavras destacadas nas frases. Numere:

   1. para ação que está ocorrendo (tempo presente).
   2. para ação que já aconteceu (tempo pretérito, passado)
   3. para ação que ainda vai acontecer (tempo futuro).

   ☐ Hoje o Sol **aparece** entre nuvens.

   ☐ Amanhã, o Sol **aparecerá** entre nuvens.

   ☐ Ontem o Sol **apareceu** entre nuvens.

> As palavras **aparecer**, **chover**, **estar**, **ficar** são verbos. Os verbos podem expressar:
>
> ◆ uma ação. Por exemplo: aparecer, brilhar, seguir.
> ◆ um fenômeno da natureza. Por exemplo: chover, trovejar, ventar.
> ◆ um estado. Por exemplo: estar (fraco), ser (brilhante), ficar (doente).
>
> 1. A forma verbal muda de um tempo verbal para outro.
>
> 2. Quando uma ação ocorre no **passado**, temos duas maneiras de expressá-la. Veja.
>
>   O Sol **brilhou** durante o dia. → pretérito perfeito
>   O Sol **brilhava** cada vez mais. → pretérito imperfeito

Leia a tabela e observe as formas verbais.
Quando tiver dúvidas sobre o uso dos tempos verbais, consulte-a.

Tempos verbais – verbo aumentar			
Presente	Pretérito perfeito	Pretérito imperfeito	Futuro
eu aumento	eu aumentei	eu aumentava	eu aumentarei
tu aumentas	tu aumentaste	tu aumentavas	tu aumentarás
ele aumenta	ele aumentou	ele aumentava	ele aumentará
nós aumentamos	nós aumentamos	nós aumentávamos	nós aumentaremos
vós aumentais	vós aumentastes	vós aumentáveis	vós aumentareis
eles aumentam	eles aumentaram	eles aumentavam	eles aumentarão

ATIVIDADES

1. Leia as frases e circule as formas verbais.

   a) Ontem choveu muito.

   b) Chovia muito quando saí da escola.

   c) O frio aumentava à medida que a noite surgia.

   d) Aumentamos o fogo porque fazia muito frio.

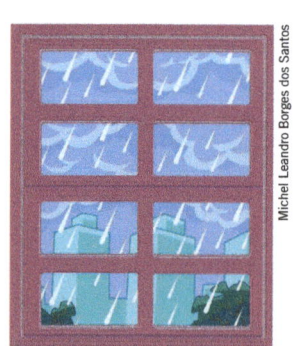

CONCLUA!

As ações apresentadas nessas frases:

☐ estão acontecendo no momento presente.

☐ ocorreram em um tempo passado.

☐ ainda vão acontecer.

2. Pinte a forma verbal com um lápis colorido.

> No inverno, eu aumento o número de agasalhos à noite.

a) Complete: esta forma verbal está no _____.

b) Passe a forma verbal para o **pretérito perfeito** e, depois, para o **futuro**.

No inverno, eu _____ o número de agasalhos à noite.

No inverno, eu _____ o número de agasalhos à noite.

3. Leia esta previsão do tempo.

> Hoje a temperatura ainda fica baixa. Ontem, a mínima foi de 15 graus e a máxima alcançou 23,5 graus. A situação mudará no fim de semana. Teremos o Sol de volta.

a) Circule as formas verbais.

b) Escreva as formas verbais na tabela e indique em que tempo estão.

Formas verbais	Tempo

4. Leia as frases e observe a forma verbal destacada.

   a) Quem viaja **aprende** muitas coisas que não estão nos livros.

   b) Muitas cidades já **foram** visitadas por crianças.

   c) Lucas **colecionava** cartões-postais quando era menor.

   d) Mara sempre **gostou** de viajar pelo país.

   e) Luísa **adora** visitar museus de qualquer cidade.

   ◆ Agora complete o quadro, escrevendo a forma verbal destacada e assinalando o tempo verbal correspondente.

Forma verbal destacada	Tempo verbal		
	Presente	Pretérito imperfeito	Pretérito perfeito

5. Reescreva estas frases nos tempos indicados.

   a) Luísa adora visitar museus de qualquer cidade.

   pretérito imperfeito ➡ _____

   futuro ➡ _____

   b) Mara gostou de viajar pelo país.

   pretérito imperfeito ➡ _____

   presente ➡ _____

PARA ESCREVER MELHOR
ORTOGRAFIA: -AM, -RAM, -ÃO PRESENTE, PRETÉRITO, FUTURO

Leia estas duas quadrinhas. Depois, leia em voz alta as palavras destacadas.

Menina toma esta uva
Da uva faça seu vinho
Seus braços **serão** gaiola
Eu serei seu passarinho.

Os meus olhos mais os teus
Grande culpa eles **tiveram**
Os teus porque me agradaram
Os meus porque te quiseram.

Quadrinhas populares.

1. Observe as duas palavras.

serão • tiveram

a) Complete: a forma verbal **serão** está no tempo _____ e a forma **tiveram**, no tempo _____.

b) Observe as terminações destacadas e complete.

No _____, a terminação da forma verbal é **-ão**, e no _____ é **-ram**.

2. Encontre na segunda quadrinha todas as formas verbais e escreva-as abaixo.

_____

◆ Essas formas verbais estão:

☐ no presente.   ☐ no pretérito.   ☐ no futuro.

211

3. Releia a quadrinha e compare as mudanças feitas nas formas verbais.

> Os meus olhos mais os teus
> Grande culpa eles tiveram
> Os teus porque me **agradaram**
> Os meus porque te quiseram.
>
> Quadrinha popular.

> Os meus olhos mais os teus
> Grande culpa eles têm
> Os teus porque me **agradam**
> Os meus porque te querem.

◆ Marque as respostas corretas.

☐ A terminação **-ram** refere-se ao pretérito.

☐ As terminações **-ram** e **-am** referem-se ao pretérito.

☐ A terminação **-am** refere-se ao presente.

CONCLUA!

No _____, as formas verbais terminam em _____.

No _____ as formas verbais podem terminar em _____.

No presente, a terminação **-am** refere-se apenas aos verbos da 1ª conjugação.

4. Agora, leia este texto.

> No futuro, os seres humanos utilizarão outros materiais, fabricarão novos objetos, inventarão máquinas e criarão instrumentos especiais.

◆ Circule as terminações de todas as formas verbais.

CONCLUA!

As formas verbais no _____ apresentam a terminação _____.

5. Leia estas frases.

> Ao longo do tempo, o ser humano plantou uva e fabricou vinho.
> Milhares de anos atrás, criou a escrita e inventou o livro.

a) Circule as formas verbais.

b) Complete as frases, passando os verbos para o plural.

> Ao longo do tempo, os seres humanos _____ uva e _____ vinho.
>
> Milhares de anos atrás, _____ a escrita e _____ o livro.

c) As formas verbais que você escreveu estão:

☐ no presente.   ☐ no pretérito.   ☐ no futuro.

6. Leia este trecho.

> Na casa da vovó tem mais neto do que cama e a gente dorme embolado. [...]
> Os primos mais velhos **contam** histórias de assombração para assustar os mais novos, que **fingem** não sentir medo. [...]
> A vovó não **deixa** os grandes baterem nos pequenos [...].
>
> Sonia Rodrigues Mota. *Casa de delícias.* São Paulo: Formato, 2014.

213

a) Passe para o pretérito as formas verbais destacadas no texto.

> Os primos mais velhos _____ histórias de assombração para assustar os mais novos, que _____ não sentir medo.
>
> A vovó não _____ os grandes baterem nos pequenos.

b) Agora, passe os verbos do mesmo trecho para o futuro.

> Os primos mais velhos _____ histórias de assombração para assustar os mais novos, que _____ não sentir medo.
>
> A vovó não _____ os grandes baterem nos pequenos.

7. Complete as frases com os verbos entre parênteses.
Atenção: as formas verbais devem ficar no futuro ou no pretérito.

Hoje à noite, os garçons só _____ bombons para os convidados. (oferecer)

Os pudins não _____ a tempo para a festa. (chegar)

Os convidados _____ muitos presentes. (trazer)

Na semana que vem, os noivos _____ uma viagem. (fazer)

Quando voltarem da viagem, _____ abrir todos os pacotes. (poder)

a) Circule as terminações **-ão** e **-am** que você usou.

b) Agora responda: quantas frases têm a forma verbal no futuro e quantas no pretérito?

_____

_____

8. Complete as frases com os verbos e os tempos verbais indicados entre parênteses.

Os povos antigos _____ os seus livros sobre lajotas e papiros e _____ nos transmitir os seus conhecimentos. (escrever, conseguir – pretérito).

Os egípcios _____ o papiro, folhas de uma planta que _____ à beira do rio Nilo. (usar, cultivar – pretérito).

Hoje, as gráficas _____ os livros em grandes máquinas, e as livrarias os _____. (preparar, vender – presente).

Com o surgimento de novas tecnologias, muitos livros _____ ser lidos na internet, e as pessoas não _____ nada por isso. (poder, pagar – futuro)

9. Leia as palavras e escreva as formas verbais de cada uma usando as seguintes cores:

■ presente
■ pretérito
■ futuro

conversou _____

escreverá _____

foram _____

vai _____

acordará _____

comem _____

DIVERTIDAMENTE

EFEITO DOMINÓ

◆ Descubra a sequência e complete o dominó.
Pista: fique atento às **pessoas** e aos **tempos verbais**!

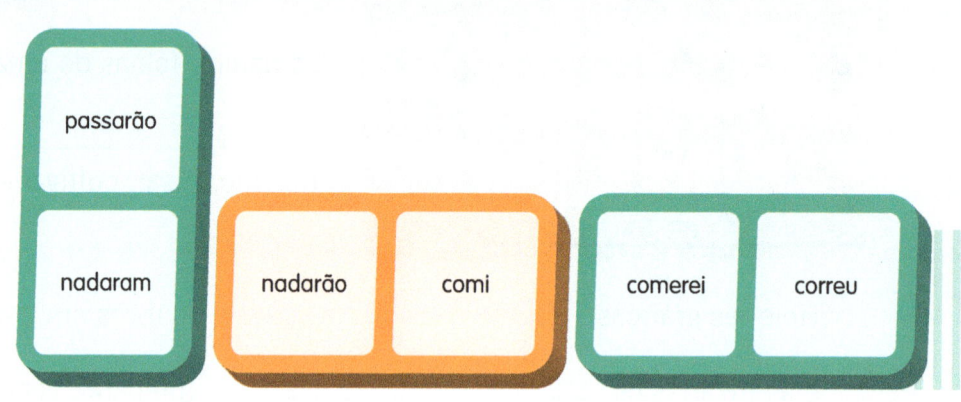

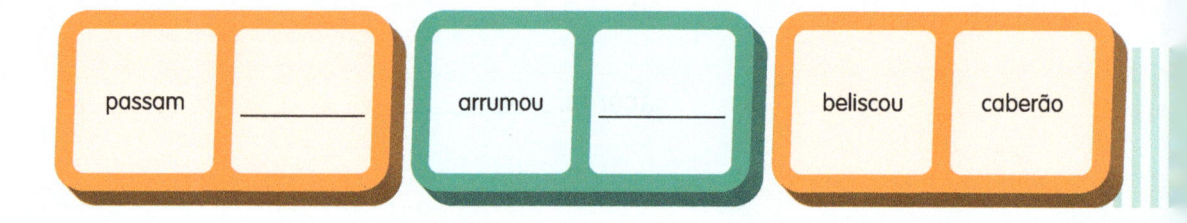

| passarão |
| nadaram | nadarão | comi | comerei | correu |

| _____ | _____ | levei | trará | trouxe | aprenderá |

| estudaremos |
| _____ | fará | _____ | brigarão | pegaram |

| passam | _____ | arrumou | _____ | beliscou | caberão |

___ sonharam   ___ amaram   ___ trabalharam   ___ abrimos

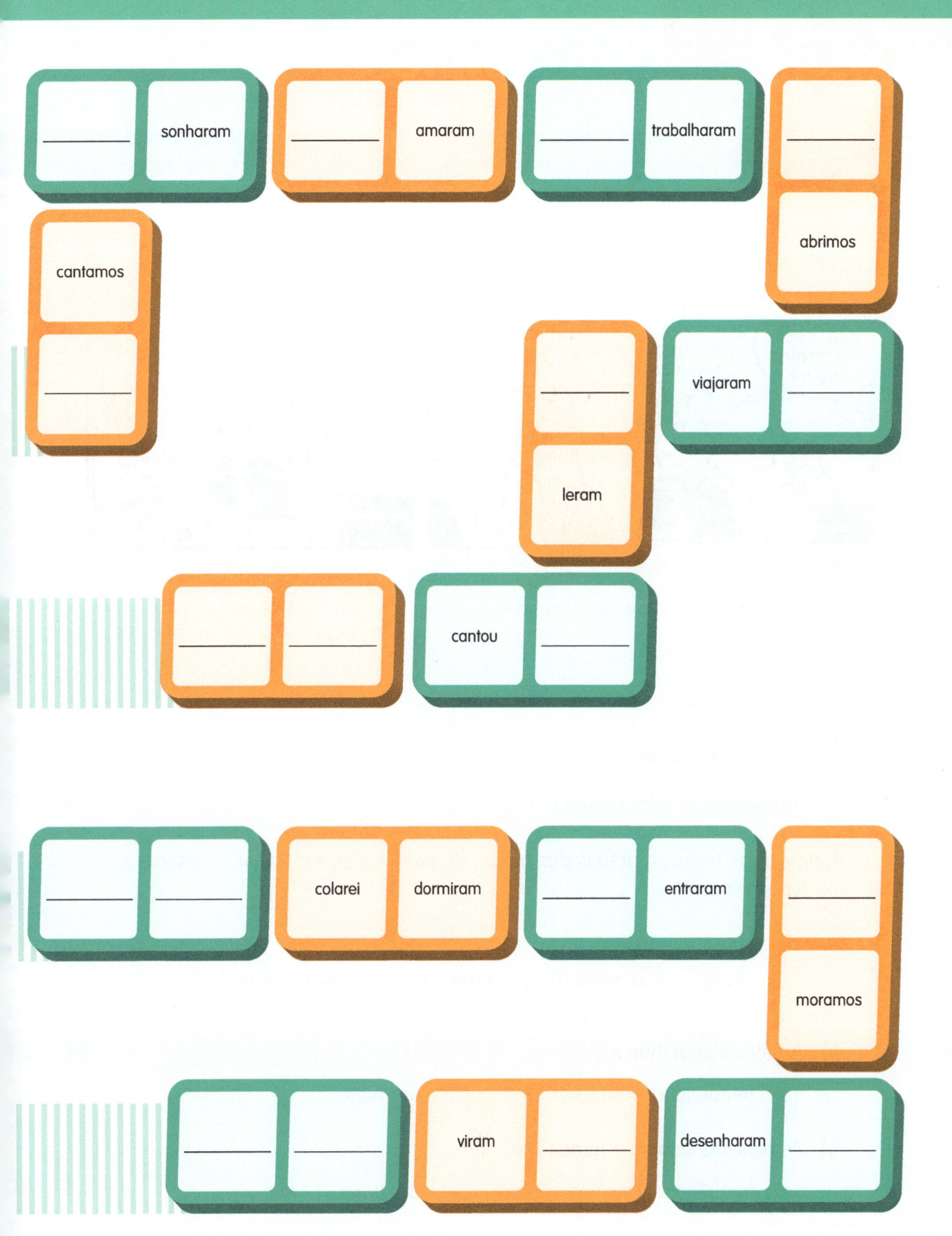

cantamos
___

___ leram   viajaram ___

___ ___   cantou ___

___ ___   colarei dormiram   ___ entraram   ___ moramos

___ ___   viram ___   desenharam ___

22 ADVÉRBIO

Leia a tirinha.

> QUE ESTÁ FAZENDO AQUI?
> BEM, VOCÊ SEMPRE DIZ QUE NUNCA FAZEMOS NADA JUNTOS...
> ENTÃO, RESOLVI AJUDAR.
> VOCÊ COZINHA, EU COMO!

1. A principal finalidade dessa tirinha é:

   ☐ ensinar uma receita.

   ☐ criar humor.

   ☐ contar uma piada.

   ☐ ensinar uma brincadeira.

2. Releia estas frases, retiradas dos balões de fala de Helga e Hagar, e observe as palavras destacadas.

   > Que está fazendo **aqui**?
   > Bem, você **sempre** diz que **nunca** fazemos nada juntos...

   a) A palavra **aqui** indica:

   ☐ frequência no tempo.   ☐ um lugar.

   b) As palavras **sempre** e **nunca** indicam:

   ☐ frequência no tempo.   ☐ um lugar.

3. Agora leia estas frases.

> — Saia **depressa** da cozinha, Hagar!
> — Estou me sentindo **mal**, Helga.

a) De que modo Hagar deve sair da cozinha?

_____

b) Como ele está se sentindo?

_____

c) As palavras **depressa** e **mal** indicam:

☐ tempo. ☐ modo. ☐ lugar.

As palavras **aqui**, **sempre**, **nunca**, **depressa** e **mal** indicam como ocorre a ação expressa pelos verbos dessas frases. Essas palavras recebem o nome de **advérbios**.

1. Existem vários tipos de advérbios. Veja alguns exemplos.
   - **tempo**: logo, ontem, hoje, amanhã, agora, já, sempre, nunca, antes, depois
   - **lugar**: aqui, ali, lá, dentro, fora, longe, perto
   - **modo**: calmamente, depressa, devagar, bem, mal

2. Às vezes, duas palavras juntas têm o valor de um advérbio. Veja.
   - **tempo**: à noite, à tarde, de repente, de dia, de manhã, de noite, em seguida, às vezes
   - **lugar**: à direita, à esquerda, em cima, em frente
   - **modo**: à vontade, em geral, de cor

Essas expressões recebem o nome de **locução adverbial**.

ATIVIDADES

1. Leia as frases a seguir.

   Tomamos café de manhã, lanchamos à tarde e jantamos à noite.

   Para chegar à escola, vire à esquerda.

   Ponha as compras em cima da mesa.

   Caminhe devagar para não se cansar.

   A festa era às cinco, mas ele chegou antes.

   a) Circule os advérbios e as locuções adverbiais.

   b) Pinte o que você circulou de acordo com a cor.

   ■ advérbio ou locução adverbial de lugar

   ■ advérbio ou locução adverbial de tempo

   ■ advérbio ou locução adverbial de modo

2. Leia as frases. Observe os advérbios e as locuções adverbiais destacadas e escreva-os na coluna correta.

   a) Quando vou ao sítio de minha avó eu brinco **à vontade**.

   b) Gosto de passear a cavalo **de manhã**.

   c) **À esquerda** da mata, há uma lagoa rasinha.

   d) **À tarde**, é possível ver bandos de guarás se alimentando.

   e) O duro é que, **à noite**, os pernilongos atacam.

   f) Eu e meus avós ficamos conversando **tranquilamente** após o jantar.

Tempo	Modo	Lugar

3. Observe os verbos destacados no texto.

> Os tigres **correm**, **nadam** e **saltam**. Às vezes, **procuram** comida, mas em geral só **caçam**.

muito depressa • de manhã • bem • à noite

◆ Complete as frases, acrescentando os advérbios e as locuções adverbiais do quadro.

Os tigres correm _____, nadam e saltam

_____. Às vezes, procuram comida _____,

mas em geral só caçam _____.

4. Leia este roteiro para ir ao Zoo Safári na cidade de São Paulo. Depois, complete o texto com o advérbio e as locuções adverbiais do quadro.

em frente • em direção a • depois

Se você estiver na cidade de São Paulo e quiser chegar ao Zoo Safári, siga estas indicações.

Tome o metrô _____ estação São

Judas ou Saúde. _____, em uma

dessas estações, pegue o ônibus que leva ao Zoo.

_____ ao Zoo Safári, há a

bilheteria, onde você poderá comprar os ingressos.

PARA ESCREVER MELHOR
ORTOGRAFIA: HÁ – A, HÁ – FAZ

Leia este trecho retirado de uma revista.

Essas aves, domesticadas há séculos pelo ser humano, têm uma relação de parentesco tão próxima que são classificadas como membros da mesma família [...].

CISNE – Bonito e veloz

GANSO – Patrulheiro histérico

PATO – O mais popular

MARRECO – Caçula da turma

Disponível em: <http://mundoestranho.abril.com.br/materia/qual-a-diferenca-entre-pato-ganso-marreco-e-cisne>. Acesso em: novembro de 2016. Adaptado.

1. Releia esta frase do texto. Observe a forma verbal destacada.

> Essas aves, domesticadas **há** séculos pelo ser humano [...]

a) A expressão **há séculos** indica:

☐ pouco tempo passado.   ☐ muito tempo passado.

b) O verbo **haver**, nessa frase, indica:

☐ tempo presente.   ☐ tempo pretérito.   ☐ tempo futuro.

2. Leia e compare.

> **Há** séculos essas aves foram domesticadas pelo ser humano.
> **Faz** séculos que essas aves foram domesticadas pelo ser humano.

☐ A troca de **há** por **faz** mudou o sentido da frase.

☐ A troca de **há** por **faz** não mudou o sentido da frase.

CONCLUA!

Podemos indicar tempo passado usando as formas verbais

_____ e _____.

3. Assinale com um **X** as frases em que **há** ou **faz** indicam tempo passado.

☐ **Há** três livros sobre a mesa.

☐ Aprendi a contar **há** oito anos.

☐ Ele **faz** desenhos muitos bonitos.

☐ Moro nesta cidade **faz** muito tempo.

4. Circule as formas verbais dos verbos **haver** e **fazer**.

a) Os gansos foram domesticados há 4 mil anos no antigo Egito.

b) Os primeiros cães foram domesticados faz mais de 20 mil anos.

c) Há mais de 4 mil anos, o cavalo passou a viver próximo do ser humano.

d) Gatos são domesticados há mais de 9 mil anos.

◆ Nessas frases, o verbo **haver** e o verbo **fazer** indicam:

☐ ações que ocorreram.

☐ fenômenos da natureza.

☐ tempo passado.

5. Substitua **há** por **faz** ou **faz** por **há** e reescreva as frases.

   a) Há dez anos vivo nesta cidade.

   _____

   b) Há muito tempo não visito a minha avó.

   _____

   c) Vivo nesta cidade faz dez anos.

   _____

   d) Faz dois meses que não visito a minha avó.

   _____

6. Leia as informações do quadro.

Invenções	Tempo passado
moeda	4 000 anos
papel	2 000 anos
caneta esferográfica	65 anos

   Michel Leandro Borges dos Santos

   ◆ Agora, complete as frases com as informações do quadro. Use as formas verbais **há** e **faz**.

   _____ que o ser humano _____ a moeda. /

   A moeda surgiu _____.

   _____ que inventaram o papel. /

   O papel foi inventado _____.

   A caneta esferográfica surgiu _____. /

   _____ que surgiu a caneta esferográfica.

7. Complete com **há** ou **a**.

   a) Daqui _____ pouco aprenderemos mais sobre os números.

   b) Os números existem _____ milhares de anos.

   c) O homem começou _____ contar tudo o que possuía.

   d) Os homens começaram _____ utilizar os dedos para identificar quantidades.

   ◆ Assinale as respostas corretas.

   ☐ Nessas frases, a forma **há** e a forma **a** indicam tempo passado.

   ☐ Nessas frases, somente a forma **há** indica tempo passado.

   ☐ Nessas frases, a forma **a** não indica tempo passado.

8. Leia o bilhete. Caiu água sobre ele e algumas palavras ficaram borradas.

   > Querido Marcelo,
   > ▨ três dias que não vejo você.
   > Telefonei para a sua casa ▨ uma hora, mas você não estava. Por isso estou enviando este bilhete.
   > Daqui ▨ duas semanas vai ser o meu aniversário. Quero convidar você para ▨ festa.
   > Tchau,
   > Carol

   ◆ Reescreva o bilhete, substituindo os borrões por **há**, **a** ou **faz**.

   _____
   _____
   _____
   _____
   _____

DIVERTIDAMENTE

Tic-tac, tic-tac...

◆ Decifre o código e descubra palavras relacionadas a tempo.

	1	2	3	4	5	6
A	H	J	I	F	B	O
B	M	Z	W	K	A	Y
C	L	M	T	E	P	D
D	U	V	É	G	I	F
E	P	Q	S	H	R	Ã
F	C	N	J	M	L	K

5B	2F	3C	4C	3E

5B	4D	6A	5E	5B

226

6A	2F	3C	4C	4F

1A	6A	3F	4C

5F	6A	4D	6A

6C	4C	5C	6A	5D	3E

5B	4F	5B	2F	1A	6E

◆ As palavras que você encontrou são:

5B	6C	2D	3D	5E	5A	5D	6A	3E

227

23 CONCORDÂNCIA VERBAL

Leia esta tirinha.

TRUPE

— ALECRIM!!! O que é isso na sua boca? Uma lagartixa!!!

— Não entendo por que vocês comem essas coisas!! Eu dou pra vocês a mais cara e melhor ração do mercado!

— Ô filha! Não entendo por que você come essas porcarias! A comida de casa não te satisfaz?

ADÃO ITURRUSGARAI

Adão Iturrusgarai

1. O que torna essa tirinha engraçada é que:

    ☐ a alimentação dos gatos é uma lagartixa.

    ☐ a alimentação da menina é um sanduíche.

    ☐ a menina não gosta das comidas que a mãe lhe dá.

    ☐ a menina faz a mesma coisa que critica nos gatos.

2. Observe e compare as formas verbais destacadas nestas frases.

    | Por que vocês **comem** essas coisas? | Por que você **come** essas porcarias? |

    a) Em **vocês comem**, as duas palavras estão na:

    ☐ 3ª pessoa do plural.

    ☐ 3ª pessoa do singular.

b) Em **você come**, as duas palavras estão na:

☐ 3ª pessoa do plural.

☐ 3ª pessoa do singular.

c) Nessas frases, a forma verbal:

☐ concorda com a palavra a que ela se refere (**você** come/**vocês** comem).

☐ não concorda com a palavra a que ela se refere (**você** come/**vocês** comem).

> O verbo concorda com a palavra a que se refere em número (singular ou plural) e em pessoa (1ª, 2ª ou 3ª pessoa).

ATIVIDADES

1. Indique no quadro a quem se referem as formas verbais destacadas neste trecho.

> Alimentos naturais, como frutas e verduras, **ajudam** a evitar uma série de doenças. Em entrevistas feitas, os irmãos Benjamin e Gabriela **disseram**: "Nós sempre **comemos** uma fruta no café da manhã".
>
> *O Estado de S. Paulo*, Estadinho, 20/10/2007.

Palavras e expressões	Formas verbais
	ajudam
	disseram
	comemos

229

2. Leia estas frases e escreva no quadro as formas verbais que se referem às palavras destacadas.

Eni convenceu os sobrinhos a comer verduras e legumes.
Os irmãos Marcelo, **Dudu e Lia** aprenderam a cozinhar com a mãe.
Adriana troca uma bolacha recheada por uma fruta.
As vitaminas e os nutrientes mantêm o corpo saudável.

Palavras e expressões	Formas verbais
Eni	convenceu
Os irmãos Marcelo, Dudu e Lia	
Adriana	
As vitaminas e os nutrientes	

3. Complete as frases com as palavras do quadro que concordam com as formas verbais destacadas. Use letra maiúscula quando necessário.

> as cascas de algumas frutas • eu • nós • os alunos • toda criança

_____ **deve** consumir pelo menos duas frutas por dia.

_____ **gosto** de comer as frutas da estação.

_____ **querem** levar frutas na lancheira.

_____ **podem** ser comidas.

_____ **precisamos** beber água todos os dias.

4. Circule no texto a forma verbal que concorda com cada palavra destacada.

Em 1938, logo que foi criado, o Super-Homem dava saltos muito grandes, mas não tinha o poder de voar.

Com o tempo, **os autores** resolveram aumentar os poderes do Super-Homem, já que, como não conseguia voar, qualquer **granada** seria capaz de machucá-lo... Foi assim que **ele** começou a voar e virou o Super-Homem que conhecemos hoje em dia.

PARA ESCREVER MELHOR
USO DOS VERBOS SER E ESTAR

Você conhece esta cantiga? Leia-a.

A minha gatinha parda,
que em janeiro me fugiu
onde está minha gatinha,
você sabe, você sabe, você viu?

Eu não vi sua gatinha,
mas ouvi o seu miau.
Quem roubou sua gatinha
foi a bruxa, foi a bruxa pica-pau.

Cantiga popular.

1. Releia estes versos da cantiga e observe as formas verbais destacadas.

   onde **está** minha gatinha,
   Quem roubou sua gatinha / **foi** a bruxa [...]

   a) No primeiro verso, a forma verbal **está** refere-se:

   ☐ ao verbo **estar** na 1ª pessoa do singular do presente.

   ☐ ao verbo **estar** na 3ª pessoa do singular do presente.

   b) No verso **foi a bruxa**, a forma verbal **foi** refere-se:

   ☐ ao verbo **ser** na 3ª pessoa do singular do pretérito.

   ☐ ao verbo **ser** na 3ª pessoa do singular do presente.

231

2. Veja o quadro com as formas do verbo **estar** e do verbo **ser** e marque nas colunas:

> 1. para presente.
> 2. para pretérito perfeito.
> 3. para pretérito imperfeito.
> 4. para futuro.

◆ Depois, escreva o nome do tempo verbal.

Verbo **estar**			
☐ _____ _____	☐ _____ _____	☐ _____ _____	☐ _____ _____
Eu estou	Eu estarei	Eu estive	Eu estava
Tu estás	Tu estarás	Tu estiveste	Tu estavas
Ele/ela está	Ele/ela estará	Ele/ela esteve	Ele/ela estava
Nós estamos	Nós estaremos	Nós estivemos	Nós estávamos
Vós estais	Vós estareis	Vós estivestes	Vós estáveis
Eles/elas estão	Eles/elas estarão	Eles/elas estiveram	Eles/elas estavam

Verbo **ser**			
☐ _____ _____	☐ _____ _____	☐ _____ _____	☐ _____ _____
Eu sou	Eu serei	Eu fui	Eu era
Tu és	Tu serás	Tu foste	Tu eras
Ele/ela é	Ele/ela será	Ele/ela foi	Ele/ela era
Nós somos	Nós seremos	Nós fomos	Nós éramos
Vós sois	Vós sereis	Vós fostes	Vós éreis
Eles/elas são	Eles/elas serão	Eles/elas foram	Eles/elas eram

3. Leia as frases e observe as formas verbais destacadas. Depois, assinale todas as afirmações corretas.

> Na casa da vovó os doces **são** mais gostosos.
> [...] a única coisa ruim na casa da vovó **é** a saudade que bate da casa da gente.
>
> Sonia Rodrigues Mota. *Casa de delícias*. Belo Horizonte: Formato, 2014.

◆ As formas verbais destacadas no trecho:

☐ referem-se ao verbo **ser**. ☐ estão no pretérito.

☐ referem-se ao verbo **estar**. ☐ estão no futuro.

☐ estão no presente.

4. Leia o texto e complete as lacunas com as formas dos verbos **ser** ou **estar**, de acordo com o contexto.

Todas as avós _____ muito meigas, doces e carinhosas.

Elas _____ sempre prontas a ajudar seus netos. O sorriso delas _____ sempre afetuoso. Os doces, as bolachinhas e as outras coisas gostosas que elas fazem _____ simplesmente deliciosos.

Nós, seus netos, _____ fãs de suas histórias e receitas.

◆ Pinte de uma cor as formas do verbo **ser** e de outra cor as formas do verbo **estar**.

5. Leia as frases. Observe as formas do verbo **estar** destacadas e classifique-as em: **presente, pretérito imperfeito, pretérito perfeito, futuro**.

Ontem o dia **estava** muito frio. _____

Como a tarde **está** quente, vou dar um mergulho. _____

No ano passado, **estive** durante 3 dias na praia. _____

No ano que vem, **estarei** no 5º ano. _____

233

6. Leia as frases e observe as formas verbais destacadas.

   Quando eu **era** pequeno, conheci um senhor que criava cães de raça.

   Nós **fomos** vizinhos dele durante muitos anos.

   Se a poluição continuar, **seremos** envenenados a cada dia.

   Meus pais **eram** colaboradores de uma organização que protege a Mata Atlântica.

   ◆ Nessas frases, as formas destacadas são do:

   ☐ verbo **ir**.   ☐ verbo **ser**.   ☐ verbo **estar**.

7. Complete as frases usando a forma verbal adequada.

   Eu sou brasileiro.

   Nós _____ brasileiros.

   Ele _____ brasileiro.

   Eles _____ brasileiros.

   Eu estou satisfeito com a minha vida.

   Ela _____ satisfeita com a sua vida.

   Elas _____ satisfeitas com a sua vida.

8. Ligue as palavras da coluna **1** com as palavras da coluna **2** e forme frases.

   Coluna 1　　　　　　　　　　**Coluna 2**

   Pedro　　　　　　　　　　somos torcedores.

   Nós　　　　　　　　　　é campeão de futebol mirim.

   Carlos e Lígia　　　　　　sou fã dos jogadores da seleção.

   Eu　　　　　　　　　　estão se preparando para o campeonato.

   ◆ Circule as formas dos verbos **ser** e **estar**.

EURECA!

Quem é quem?
Desvende o enigma.

◆ Antônio, Elisabete, Pedro e Sônia são quatro amigos e cada um deles veste uma camiseta colorida.
Tente descobrir a idade de cada um deles e a cor da camiseta que estão usando.

Pistas

1. Antônio, Elisabete, Pedro e Sônia têm 8, 9, 10 e 11 anos.
2. Um deles veste camiseta azul.
3. A menina de 9 anos usa uma camiseta verde e não está com enfeite no cabelo.
4. Antônio usa camiseta vermelha e é mais velho do que Pedro.
5. Elisabete tem 8 anos e sua camiseta não é amarela.

Michel Leandro Borges dos Santos

◆ Escreva o nome, a idade e a cor da camiseta usada por cada criança.

Nome	Idade	Camiseta

235

REVISÃO

1. Responda às perguntas, usando um pronome pessoal na resposta. Depois, circule os pronomes que você usou.

   > O que você sabe sobre Ronaldinho Gaúcho?
   > **Ele** foi premiado como o melhor jogador do mundo em 2004 e 2005.

   a) O que você sabe sobre Pelé?

   _____

   b) O que você sabe sobre Monteiro Lobato e Ziraldo?

   _____

   c) O que você sabe sobre a boneca Emília?

   _____

2. Forme frases, unindo as colunas. Use **há** ou **a**.

Meus pais moram nesta cidade		alguns meses, começarão as férias.
Ele me encontrou	há / a	um minuto!
Daqui		bastante tempo!

   ◆ Escreva as frases que você formou.

   _____
   _____
   _____
   _____
   _____

3. Complete as frases com **lo, la, los, las**.

   a) A televisão está quebrada, por isso a menina não pode ligá-_____.

   b) A menina comprou dois livros infantis e gostou de lê-_____.

   c) Começou a entrar água da chuva pelas janelas e a menina teve de fechá-_____.

4. Leia as frases e observe as formas verbais destacadas.

   > Como **era** ser criança 50 anos atrás?
   > As mães **costuravam** as roupas em casa e as crianças **comiam** doces caseiros, como doce de abóbora e doce de leite.

   Crianças na década de 1950.

   Responda.

   a) Em que tempo estão as formas verbais destacadas?

   _____

   b) O que elas indicam?

   ☐ Algo que acontece.   ☐ Algo que já aconteceu.

   c) As formas verbais estão:

   ☐ no pretérito perfeito.   ☐ no pretérito imperfeito.   ☐ no futuro.

5. Passe as formas verbais do texto anterior para o tempo presente, completando o texto a seguir.

   Como _____ ser criança hoje?

   As mães geralmente não _____ _____ roupas em casa e as crianças algumas vezes _____ _____ salgadinhos de pacote e bolachas recheadas.

6. Leia as frases e circule as formas verbais. Ao final, escreva em que tempo estão os verbos das frases de cada quadro.

1
- O primeiro livro de Harry Potter era sobre a chegada dele à escola de magia.
- Harry Potter tinha aula de magia toda semana.
- O menino-bruxo não sabia de seus superpoderes.

2
- Escovo os dentes três vezes ao dia.
- Vou ao dentista mais de uma vez por ano.
- Eu cuido da minha saúde.

3
- Quando começarão as férias?
- Sairei de férias só no início de dezembro.
- Em janeiro, brincarei bastante com os meus amigos.

4
- Nasci em Bauru, no interior do estado de São Paulo.
- Eu tive catapora quando criança.
- Li meu primeiro livro aos seis anos de idade.

As formas verbais do quadro **1** estão no _____.

As formas verbais do quadro **2** estão no _____.

As formas verbais do quadro **3** estão no _____.

As formas verbais do quadro **4** estão no _____.

DE OLHO NA LÍNGUA

1. (ANA) Leia o texto abaixo e responda.

[...]
Quando eu tiver um filho
Não vou por nome nenhum.
Quando ele for bem grande,
Ele que procure um!

Pedro Bandeira. *Cavalgando o arco-íris.* Editora Moderna, 2002.

No verso "**ele** que procure um", a palavra destacada se refere a:

a) ☐ filho.

b) ☐ nome.

c) ☐ número.

2. (Saresp)

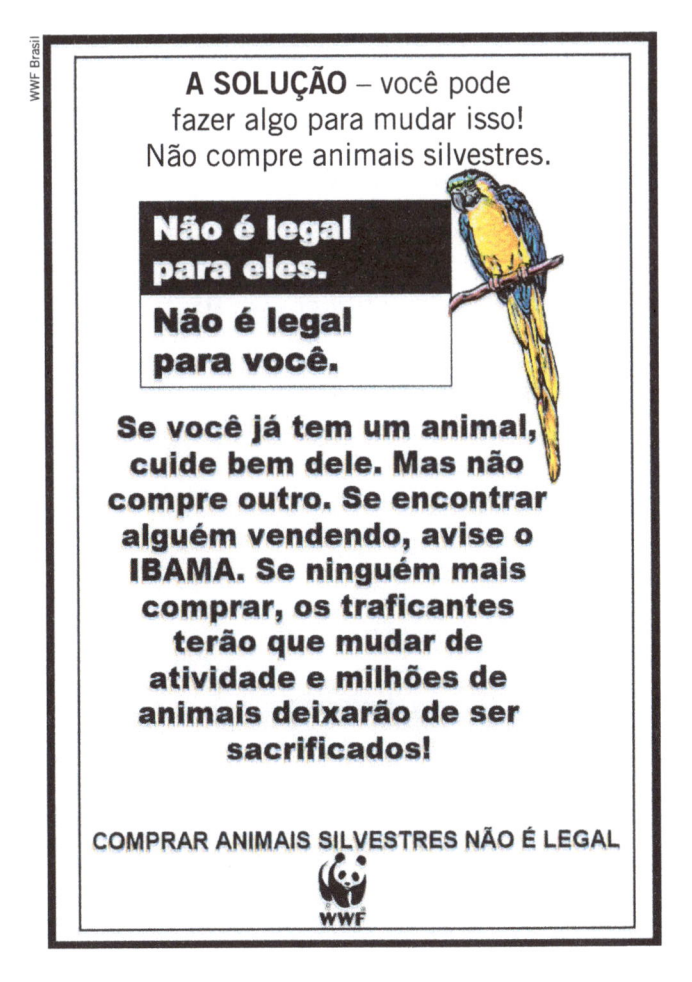

A SOLUÇÃO – você pode fazer algo para mudar isso! Não compre animais silvestres.

Não é legal para eles.
Não é legal para você.

Se você já tem um animal, cuide bem dele. Mas não compre outro. Se encontrar alguém vendendo, avise o IBAMA. Se ninguém mais comprar, os traficantes terão que mudar de atividade e milhões de animais deixarão de ser sacrificados!

COMPRAR ANIMAIS SILVESTRES NÃO É LEGAL

Na frase "Não é legal para **eles**", a palavra **eles** substitui:

a) ☐ animais silvestres.

b) ☐ compradores.

c) ☐ papagaios.

d) ☐ traficantes.

239

3. (Prova Brasil)

O objetivo do texto é:

a) ☐ alertar.   b) ☐ anunciar.   c) ☐ criticar.   d) ☐ divertir.

◆ (ANA) Leia o texto a seguir para responder às questões 4 e 5.

João saiu cedo de carro.
Ele levou seu cachorro ao veterinário.

4. No texto, a palavra **Ele** está substituindo:

a) ☐ cachorro.   c) ☐ João.

b) ☐ carro.   d) ☐ veterinário.

5. Quando João saiu de carro?

a) ☐ De manhã.   c) ☐ À tarde.

b) ☐ Ao meio-dia.   d) ☐ À noite.

JOGO 1 – COM QUE LETRA EU VOU?

- Reúna-se com dois ou três colegas.
- Cole as fichas da página 245 e o dado da página 249 em uma cartolina e recorte-os nas linhas pontilhadas.
- Pinte o verso de cada ficha com a mesma cor de fundo dela. Por exemplo: ficha amarela, verso pintado de amarelo; ficha verde, verso verde.
- Monte o seu dado de acordo com as instruções e a orientação do professor.
- Embaralhe as fichas e deixe-as viradas para baixo.
- Na sua vez, jogue o dado e escolha uma ficha da cor que ele indicar.
- Leia a palavra da ficha e diga qual é a letra que a completa:

   um tracinho: letras **s**, **c** ou **ç**.   dois tracinhos: letras **ss** ou **sc**.

- Se acertar, guarde a ficha. Se errar, você deve devolvê-la à mesa, virada para baixo.
- Vence o jogo quem tiver mais fichas guardadas, pois isso indica que o jogador acertou o maior número de palavras.

JOGO 2 – TRINCA DE L E U

- Reúna-se com um colega.
- Recorte nas linhas pontilhadas as cartelas da página 247 e as listas da página 249.
- Na sua vez, escolha uma das palavras da lista correspondente à rodada (mesma cor). Complete-a com as letras que faltam e escreva-a em um dos espaços da cartela. **Atenção**: só valem os grupos **al**, **el**, **il**, **ol**, **ul**, **au**, **ou**.
- O colega escolhe outra palavra dessa lista, completa com as letras que faltam e escreve na mesma cartela, no espaço que julgar conveniente.
- Vence a rodada o aluno que completar a trinca da cartela primeiro. Pode ser na vertical, na horizontal ou na diagonal.
- Se a cartela for preenchida e ninguém formar a trinca, não contará ponto para nenhum jogador.
- Ao final de três rodadas, vence o aluno que fizer mais vezes a trinca.
- **Atenção!** Se a palavra for completada de forma errada, o aluno perde a vez. Em caso de dúvida, consulte um dicionário.

JOGO 3 – BINGO DE ADJETIVOS

- Recorte a cartela da página 251. O professor vai escrever várias palavras na lousa. Escreva na sua cartela apenas os adjetivos!
- O professor vai falar algumas palavras. Circule as que você tiver em sua cartela.
- Vence o jogo quem circular primeiro as palavras de uma linha ou coluna da cartela.

JOGO 4 – CONCORDA OU DISCORDA?

- Reúna-se com um colega. Recorte os artigos **o**, **a**, **os**, **as**, **um**, **uma**, **uns**, **umas** da página 251. Coloque-os em uma sacolinha.
- Recorte a ficha da mesma página e escreva 10 substantivos: podem ser feminino ou masculino, estar no singular ou no plural, ser coletivo ou composto.
- Dobre a ficha na linha contínua. Juntem-se com outra dupla e troquem a ficha de substantivos, de modo que cada dupla fique com as palavras da outra.
- Um aluno do grupo sorteia um artigo. A dupla verifica qual substantivo da ficha combina com o artigo sorteado e escreve no caderno uma frase completa utilizando o artigo e o substantivo.
- O aluno que realizou o sorteio devolve o papel com o artigo à sacolinha para ser sorteado novamente.
- O grupo deve fazer o sorteio até que uma das duplas consiga escrever cinco frases, uma de cada tipo (afirmativa, negativa, interrogativa, exclamativa e imperativa), sempre combinando o substantivo com o artigo sorteado. Ao final da atividade, a dupla deve apresentar suas frases para o professor.
- Ganha o jogo a dupla que terminar primeiro as frases.
- **Atenção!** As frases devem estar escritas corretamente.

JOGO 5 – TRILHA DOS ADVÉRBIOS

- Reúna-se com um colega. Recorte e cole a trilha das páginas 253 e 255.
- Providencie um dado para jogar.
- Escolha um objeto pequeno para representar você no jogo.
- Jogue o dado e ande o número de casas correspondente ao que saiu no dado.
- Quando parar em uma das casinhas com instruções, o jogador terá de fazer o que está indicado.

JOGO 1 – COM QUE LETRA EU VOU?

aten __ ão	__ entro	planta __ ão	suce __ __ o	a __ __ adeira
ciên __ ias	na __ __ ente	diver __ ão	can __ ão	trave __ __ eiro
polui __ ão	fuma __ a	cre __ __ er	amea __ a	deze __ __ ete
__ idade	__ inema	pra __ a	a __ eitar	se __ __ enta
__ ítio	silên __ io	na __ __ er	trope __ ar	man __ o
pi __ __ ina	come __ ar	descan __ o	gira __ __ ol	excur __ ão

...... recorte

245

JOGO 2 – TRINCA DE L E U

Rodada nº 1	Rodada nº 2	Rodada nº 3

...... recorte

JOGO 1 – COM QUE LETRA EU VOU?

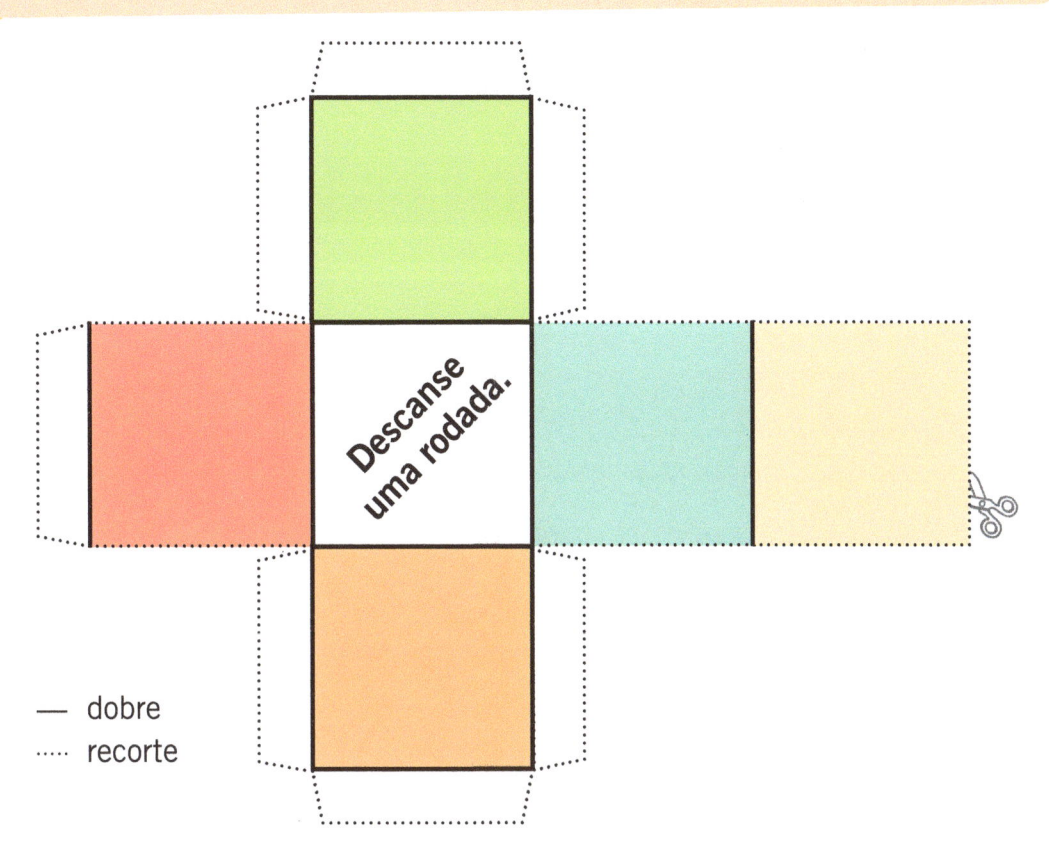

Descanse uma rodada.

— dobre
···· recorte

JOGO 2 – TRINCA DE L E U

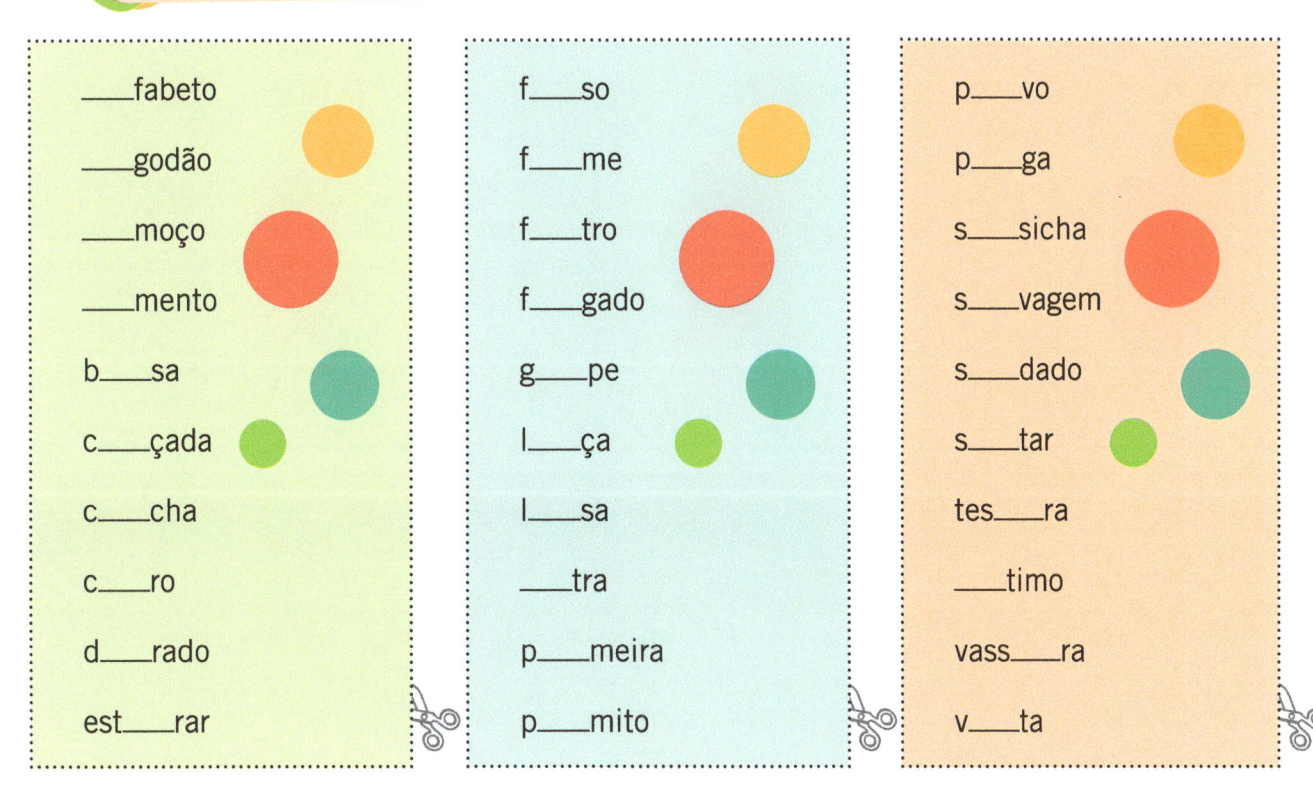

___fabeto
___godão
___moço
___mento
b___sa
c___çada
c___cha
c___ro
d___rado
est___rar

f___so
f___me
f___tro
f___gado
g___pe
l___ça
l___sa
___tra
p___meira
p___mito

p___vo
p___ga
s___sicha
s___vagem
s___dado
s___tar
tes___ra
___timo
vass___ra
v___ta

JOGO 3 – BINGO DE ADJETIVOS

Bingo de adjetivos		

JOGO 4 – CONCORDA OU DISCORDA?

o	a	os	as	um	uma	uns	umas

Substantivos

..... recorte — dobre

JOGO 5 – TRILHA DOS ADVÉRBIOS

Complete com um advérbio. Pássaros cantam ... quando surge a manhã.

Vá ver se as pacas ainda estão dormindo sossegadamente. Volte ao número 35.

Uma preguiça dorme tranquilamente no caminho. Não é possível passar. Volte três casas.

Complete com um advérbio. Raposas correm...

SAÍDA

COLE A LATERAL DA OUTRA PARTE DA TRILHA AQUI.

...... recorte

253

recorte

255